Nicola Crossley
Luciana Ziglio

Englisch

Auf Zack!

Hueber Verlag

3. 2. 1. | Die letzten Ziffern
2017 16 15 14 13 | bezeichnen Zahl und Jahr des Druckes.
Alle Drucke dieser Auflage können, da unverändert,
nebeneinander benutzt werden.
1. Auflage
© 2013 ProSieben www.prosieben.de
Lizenz durch ProSiebenSat.1 Licensing GmbH,
www.prosiebensat1licensing.com
© 2013 Hueber Verlag GmbH & Co. KG, 85737 Ismaning, Deutschland
Umschlaggestaltung: creative partners gmbh, München
Coverfoto: © iStockphoto/Squaredpixels
Zeichnungen: © Paola Giovinazzo, Trento
Redaktion: Stephanie Pfeiffer, Hueber Verlag, Ismaning
Layout: Erwin Schmid, Hueber Verlag, Ismaning
Satz: appel media, Oberding
Druck und Bindung: Firmengruppe APPL, aprinta druck, Wemding
Printed in Germany
ISBN 978–3–19–507000–3

Englisch Auf Zack! verbindet auf unterhaltsame Weise das Erlernen der Fremdsprache – v. a. der Vokabeln – mit bewährten Techniken des Gedächtnistrainings. Die angebotenen spielerischen Übungen helfen dabei, die Sprachkenntnisse zu verbessern, den Wortschatz langfristig im Gedächtnis einzuprägen sowie Lesestrategien zu verbessern und logisches Denken zu testen.

Die dabei angewendeten Merktechniken lassen sich natürlich unabhängig von den hier angebotenen Übungen und Inhalten auch auf andere Kontexte des Fremdsprachenlernens sowie auch des Alltagsgedächtnisses übertragen.

Englisch Auf Zack! wendet sich sowohl an Selbstlerner, als auch an Kursteilnehmer, die bereits mit dem Englischlernen begonnen haben. Die in den Übungen vorkommenden Vokabeln, Themen und Strukturen bewegen sich innerhalb der Niveaus A1-A2 des Gemeinsamen Europäischen Referenzrahmens für Sprachen.

Zum Aufbau von **Englisch Auf Zack!**
Bevor die Übungen beginnen, wird kurz auf die Funktionsweise unseres Gehirns und Gedächtnisses eingegangen (S. 7–13). Daran schließt eine Reihe von Erklärungen der für die Übungen nützlichen Merktechniken (Memo-Tipps) an (S. 14–22).
Auf die jeweils anwendbaren Memo-Tipps wird auch neben jeder Übung durch das Symbol ▶ Memo-Tipp nochmals verwiesen (z. B. ▶ Memo-Tipp 3A).

Die Übungen (ab S. 23) nehmen größtenteils jeweils zwei Seiten ein: Die erste (= rechte) Seite dient dabei dem Einprägen und Üben der englischen Vokabeln, Strukturen oder Texte und ist gekennzeichnet durch die Kopfzeile **MERKEN**.

Die zweite (= linke) Seite – gekennzeichnet durch die Kopfzeile **ANWENDEN** – fordert nach dem Umblättern anhand gezielter

Fragen bzw. Aufgaben dazu auf, zu testen, ob man sich alles gemerkt hat. Die Nummerierung der Übungen stimmt auf beiden, zu einer Übung gehörenden Seiten jeweils überein.

Unterbrochen werden die auf zwei Seiten angelegten Übungen hin und wieder durch sogenannte **VERSCHNAUFPAUSEN**, d. h. Übungen, die das „Jogging" unterbrechen und die Aufmerksamkeit auf andere Bereiche der Konzentration, Logik und Aufmerksamkeit lenken.

Die Übersetzung der in den Übungen verwendeten Vokabeln befindet sich im alphabetischen Wörterverzeichnis im Anhang (ab S. 144). Evtl. unbekannte Wörter können dort jederzeit nachgeschlagen werden. Die Lösungen zu den Aufgaben erfolgen entweder durch den Zusammenhang der beiden oben beschriebenen Teilschritte der Übungen oder befinden sich im Anhang (ab S. 133).

Generell handelt es sich in diesem Buch um kurze Übungen, die keinen großen täglichen Aufwand erfordern. Man könnte sie mit einer Reihe von Schritten vergleichen, die zusammen – wie bei einem echten Trainingsprozess – eine Wegstrecke ergeben. Dabei sollte man folgende Grundregel nicht aus den Augen verlieren: Lieber öfter ein kurzes Training absolvieren, als nur einmal ein langes!

Englisch Auf Zack! folgt der Philosophie des „Edutainments", also dem unterhaltsamen Lernen. Denn die größte Hürde für das Lernen, das Gedächtnis und die Konzentration ist die Langeweile. Darum haben wir uns bemüht, die Übungen abwechslungsreich zu gestalten, um nicht zuletzt die Vorlieben aller Lernertypen zu berücksichtigen und gleichzeitig auch jeden Lerner mit neuen und vielleicht ungewohnten Lerntechniken zu konfrontieren.

Mehr Englisch und gleichzeitig mehr Gedächtnisleistung – das sind die Ziele, die mit Hilfe von **Englisch Auf Zack!** auf eine ebenso spielerische wie ernstzunehmende Weise verfolgt werden. Eine doppelte Herausforderung also. Packen wir's an!

Viel Erfolg und Vergnügen wünschen

Autorinnen und Verlag

Wie funktionieren unser Gehirn und unser Gedächtnis?

Bevor wir Sie mit dem Training anfangen lassen, möchten wir Ihnen auf wenigen Seiten und mit einfachen Worten einige grundlegende Dinge zu unserem Gehirn und Gedächtnis näher bringen.

Unser Gehirn kann mit einem Muskel verglichen werden, der trainiert werden muss, damit er im Laufe der Zeit nicht seine Leistungsfähigkeit verliert. Die Neurowissenschaften bestätigten uns, dass ein wacher Geist genauso getrimmt werden muss wie unser Körper beim Sport. Eine gute mentale Fitness erreicht man also nur durch regelmäßiges Üben und natürlich auch die alltägliche Inanspruchnahme unseres Gedächtnisses.

Um sich mental fit zu halten und im besten Fall das Gehirn um ein paar Jahre zu verjüngen, helfen – neben einer bewussten Förderung und Forderung des Gehirns im Alltag – auch Gedächtnisübungen und -spiele sowie nicht zuletzt das Erlernen einer Fremdsprache.

Die Verbindung „Übung – Spiel – Gedächtnis" erlaubt es, sich Vokabeln, Nummernreihen, Aufzählungen, Bilder, Reime und Lieder zu merken, indem beide Teile des Gehirns gestärkt werden: zum einen die Schärfung des analytischen und logischen Denkens (linke Gehirnhälfte) und zum anderen die Förderung der Fantasie und Kreativität (rechte Gehirnhälfte).

Das Gedächtnis

Wenn man von ‚Gedächtnis' spricht, muss man Ultrakurzzeitgedächtnis, Kurzzeitgedächtnis und Langzeitgedächtnis voneinander unterscheiden.

Das Ultrakurzzeitgedächtnis speichert und verarbeitet neue Informationen, die uns über diverse Eingangskanäle erreichen (z. B. Sinneswahrnehmungen wie visuelle oder akustische Reize, aber auch Emotionen), nur sehr kurz. Erst wenn das Ultrakurzzeitgedächtnis entscheidet, dass die eingegangene Information so wichtig ist, dass sie weiter bearbeitet werden muss – z. B. weil sie sich unserer Aufmerksamkeit aufdrängt oder weil wir uns bewusst dafür interessieren –, wird eine Weiterleitung an das Kurzzeitgedächtnis erfolgen.

Das Kurzzeitgedächtnis kann Informationen mehrere Minuten lang speichern (durchschnittlich ca. 40 Minuten). Es ist vergleichbar mit dem Arbeitsspeicher eines Computers, der ebenfalls nur eine begrenzte Kapazität hat. Das Kurzzeitgedächtnis verarbeitet Informationen, die in dem jeweiligen Augenblick von Interesse sind und muss vor dem Verarbeiten neuer Informationen wieder entleert werden. Was für uns wichtig ist und was wir unbedingt behalten wollen, müssen wir daher im Langzeitgedächtnis speichern. Beim Lernen ist es daher wichtig, nach ca. 40 Minuten eine Pause einzulegen, damit die Informationen verarbeitet werden können und man das Kurzzeitgedächtnis nicht überfrachtet.

Das Langzeitgedächtnis hat einen unbegrenzten Speicher und behält die Informationen, die dort ankommen, dauerhaft. Wenn von Gedächtnistraining oder Gehirnjogging die Rede ist, handelt es sich darum, diesen Bereich unseres Gedächtnisses zu trimmen. Informationen, die im Langzeitgedächtnis gespeichert sind, haben entweder einen großen „Eindruck" auf uns hinterlassen (z. B. besondere Erlebnisse), wurden durch Assoziationen (z. B. zu Vorwissen) gut aufbereitet und sind daher schnell wiederauffindbar, oder wurden durch Wiederholungen (z. B. in Lernprozessen) gefestigt.

Gedächtnis und Lernen

Eine wichtige Rolle für die Entfaltung des Gedächtnisses und den Lernerfolg spielen die folgenden Faktoren: Das Lernen sollte nach Möglichkeit immer in derselben Räumlichkeit stattfinden, die gut gelüftet, erholsam und einladend ist (oft reicht schon ein wenig Musik im Hintergrund und ein bisschen Ordnung). Legen Sie eine bestimmte Zeit zum Lernen fest, an die Sie sich dann halten, wenn möglich mit einem Abstand zu Erschöpfungsphasen und Mahlzeiten. Denken Sie beim Lernen auch an angemessene Pausen und Bewegung. Trinken Sie viel Wasser, das erleichtert dem Gehirn die Arbeit, und nehmen Sie nur leichte Speisen zu sich, die den Organismus nicht belasten und damit eine für das Lernen schädliche Schläfrigkeit verhindern.

Für Ihren persönlichen Lernerfolg ist es wichtig, sich über die Lernvorlieben bewusst zu werden. Überlegen Sie, was für ein „Lerntyp" Sie sind. Beantworten Sie dafür die folgenden Fragen mit „Ja" oder „Nein".

	JA	NEIN
1. Benutzen Sie vorwiegend die rechte Gehirnhälfte (Fantasie und Gefühle)?	☐	☐
2. Benutzen Sie vorwiegend die linke Gehirnhälfte (Logik, Vernunft, Abstraktion)?	☐	☐
3. Sind Sie ein visueller Lerner? Helfen Ihnen Bilder beim Lernen?	☐	☐
4. Hören Sie beim Lernen gerne Musik?	☐	☐
5. Zeichnen Sie gerne?	☐	☐
6. Bewegen Sie sich oft, wenn Sie lernen? Stehen Sie oft auf, dehnen Sie sich, gehen Sie ein paar Schritte im Raum umher?	☐	☐

Die folgende Aufstellung verrät Ihnen, welche Memo-Tipps Ihrem Lernverhalten am nächsten kommen. Sehen Sie sich dabei nur die Memo-Tipps an, die sich auf die von Ihnen mit „Ja" beantworteten Fragen beziehen. Sie werden sich im Folgenden bei den zu diesen Memo-Tipps gehörigen Übungen leichter tun, als bei anderen. Eine Erläuterung der genannten Memo-Tipps finden Sie ab Seite 14.

1. Frage ▶ Memo-Tipps 3B, 3C, 3E, 3G, 5, 6, 7

2. Frage ▶ Memo-Tipps 3F, 4, 8, 10

3. Frage ▶ Memo-Tipp 3E

4. Frage ▶ Memo-Tipps 3B, 3C

5. Frage ▶ Memo-Tipps 3D, 3E

6. Frage ▶ Memo-Tipp 3D

Aber warum sollte man nicht auch andere, bisher ungenutzte Techniken und Strategien ausprobieren? Sie könnten auf diese Weise positive Erfahrungen machen und neue Seiten an sich und Ihrem Lernverhalten entdecken. Vielleicht behalten Sie die eine oder andere hinzugewonnene Technik sogar in Zukunft bei.

Testen Sie auf den folgenden zwei Seiten nun Ihre Auffassungs- und Beobachtungsgabe. Die Beispielübungen zum Wörtergedächtnis enthalten an dieser Stelle noch deutsche Wörter. Sie begegnen hier nun auch der in den folgenden Übungen (ab S. 23) verwendeten Seitenaufteilung in **MERKEN** (rechte Seite) und **ANWENDEN** (linke Seite).

1. **Lesen Sie die folgenden Wörter ca. 30 Sekunden lang.**
Versuchen Sie dabei, sich die Wörter einzuprägen.
Blättern Sie im Anschluss daran eine Seite weiter.

Brot	Fenster	Buch	Wald	Liebe
sprechen	zwei	Berlin	Neffe	Adresse

2. **Prägen Sie sich die folgenden Wörter ein. Blättern Sie dann**
um.

Arm	Bein	Kopf	Hand	Fuß
Auge	Mund	Nase	Knie	Hals

3. **Sehen Sie sich die Spielkarten eine Minute lang an.**

4. **Bilden Sie den Zahlenkasten in Gedanken eine Minute lang ab.**

8	0	7
2	4	9
6	5	1

1. **Wie ist es Ihnen ergangen? Haben Sie sich alle Wörter gemerkt? Versuchen Sie die Wörter aufzuschreiben.**

   _____

   _____

2. **Unterstreichen Sie die neuen Wörter.**

   Mund   Hüfte   Arm   Bein   Kopf   Hand   Ellenbogen

   Fuß   Auge   Nase   Knie   Lippen   Hals   Ohr

3. **Welche Karten sind verschwunden?**

4. **Beantworten Sie die Fragen.**

   a. Wie lautet die Zahl in der Mitte? _____

   b. Was ergibt sich, wenn Sie die Zahlen der ersten Spalte zusammenzählen? _____

   c. Was erhalten Sie, wenn Sie die letzte Zahl von der ersten abziehen? _____

Betrachten wir das Ergebnis der ersten beiden Aufgaben. Wenn es Ihnen gelungen ist, sich sechs oder sieben der Wörter zu merken, haben Sie schon ein recht gutes Gedächtnis.

In beiden Aufgaben war es das Ziel, sich zehn Wörter zu merken. Es handelte sich bei beiden Aufgaben um Wörter des Basiswortschatzes. Überlegen Sie nun, welche der beiden Aufgaben Ihnen einfacher vorkam und warum.

Sicherlich war die zweite Aufgabe für Sie leichter, ganz einfach deshalb, weil die Wörter sich alle im Umfeld ein und desselben Bedeutungsbereichs befinden und sich Verknüpfungen (Assoziationen) dadurch schneller bilden.

Mit den im Folgenden dargestellten Memo-Tipps wollen wir Sie unterstützen, solche Assoziationen zu bilden. Sie werden Ihnen helfen, Ihr Gedächtnis zu verbessern.

Wenn Sie die dritte und vierte Aufgabe lösen konnten, Kompliment. Falls nicht, wird Ihnen dieses Buch auch in diesem Bereich weiterhelfen, denn Sie werden Aktivitäten vorfinden, in denen Sie auch Ihre Beobachtungsgabe trainieren werden.

1. Grundregel

Beim Joggen ist es schlecht, nur einmal in der Woche vier Stunden am Stück zu trainieren. Das Gleiche gilt für das (Sprachen-)Lernen. Es ist besser, sich beständig ca. 20 Minuten am Tag anzustrengen (am besten zehn Minuten am Morgen und zehn Minuten am Nachmittag), als vier Stunden ununterbrochen an einem einzigen Tag. Und wenn Sie einmal nicht die Zeit oder die Energie haben, sich einem neuen Lernstoff – wie z. B. neuen Vokabeln – zu widmen, dann blättern Sie wenigstens ein paar Minuten Ihre Lernkartei durch (vgl. Memo-Tipp 2).

2. Lernkartei

Man lernt – besonders Vokabeln – auch, wenn man das Gelernte aufschreibt. Schreiben Sie also jede englische Vokabel, die Sie lernen möchten, auf Karteikarten.

Vorderseite	Rückseite

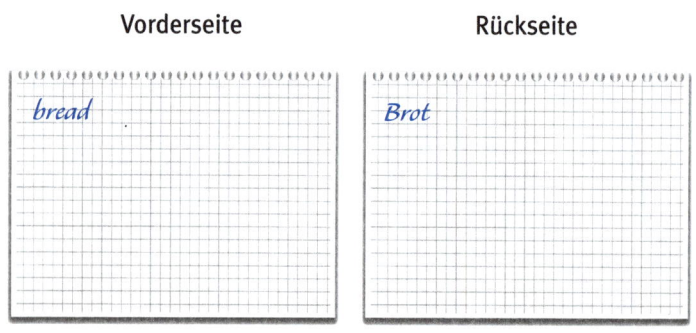

Bauen Sie sich auf diese Weise eine Lernkartei auf. Schreiben Sie die verschiedenen Vokabeln jeweils auf Karteikärtchen – evtl. auch mit Angaben zu Artikel, unregelmäßigen Pluralformen, Betonungen etc.

Unterteilen Sie die Lernkartei in drei Bereiche. Verwenden Sie für die Unterteilung z. B. Karteikarten in einer anderen Farbe oder Größe. Ganz hinten ordnen Sie diejenigen Karteikarten ein, deren Vokabeln sie meinen zu beherrschen, in der Mitte diejenigen, die Sie weniger gut beherrschen und ganz vorne diejenigen, die neu oder nicht (mehr) bekannt sind.

Beginnen Sie beim Lernen bzw. Wiederholen immer vorne in der Lernkartei (Bereich der neuen oder nicht gewussten Vokabeln) und arbeiten Sie sich dann in den nächsten Bereich vor. Vergessen Sie dabei nicht, dass man ab und zu auch diejenigen Vokabeln wiederholen muss, die man zu kennen glaubt. Ziel ist es, den dritten Bereich – also die Anzahl der beherrschten Vokabeln – mehr und mehr zu erweitern. Dadurch steigern Sie den Langzeit-Lerneffekt.

Wiederholen Sie die Vokabeln ab und an auch in umgekehrter Sprachreihenfolge. Und denken Sie daran, auf den Karteikärtchen Platz für neue Wörter oder Satzbeispiele zu lassen.

Die Karteikarte von S. 14 könnte nach einiger Zeit so aussehen:

Vorderseite	Rückseite
bread	Brot
I often eat bread.	Ich esse oft Brot.
stale, fresh, dry bread	altes, frisches, trockenes Brot
baker, bakery	Bäcker, Bäckerei
this is my bread and butter	damit verdiene ich mir meinen Lebensunterhalt

Auf diese Art und Weise wird die Lernkartei für Sie interessanter und wirkungsvoller, weil sie nach Ihren eigenen Bedürfnissen und Maßstäben angelegt ist.

3. Assoziationstechniken

Es gibt viele verschiedene Assoziationstechniken. Assoziation meint hierbei Verknüpfung und bedeutet in Bezug auf unser Gedächtnis, dass ein Assoziationsglied eine andere oder sogar mehrere andere Assoziationen zur Folge hat. Die Fähigkeit zu assoziieren ist also eine der Grundvoraussetzungen für unser Gedächtnis. Grundlage für gutes Assoziieren sind eine gute Vorstellungskraft, Kreativität und Fantasie. Besonders wirksam sind zusätzlich Verknüpfungen mit unserem Alltagsleben, so z. B. die Zuordnung von Eigenschaftswörtern zu Personen, auf die diese zutreffen: *Peter is lazy.*

3A Synonyme, Gegenteile und semantische Felder

Verknüpfen Sie ein Wort mit seinen Synonymen (= sinnver- wandte Wörter, z. B. *quick = fast*), seinen Gegenteilen (z. B. *beautiful ≠ ugly*), lernen Sie es zusammen mit einem geeigne- ten Adjektiv (z. B. *year → school year*) oder ordnen Sie es in ein semantisches Feld ein (= Wörter die demselben Bedeutungs- bereich entspringen, z. B. *tree, jungle, forest, ...*).

3B Klänge und Geräusche

Wörter lassen sich natürlich auch mit Musik, Klängen oder Geräuschen in Verbindung bringen. Haben Sie nicht auch schon versucht, den Text eines schönen fremdsprachigen Liedes zu verstehen? Vielleicht haben Sie auch versucht, das Lied auswendig zu lernen. Sie werden dabei gemerkt haben, dass die Verbindung Text – Melodie beim Lernen sehr nützlich ist. Genauso können Sie versuchen jeden anderen zu lernenden Text mit einer Melodie, die Sie gut kennen, zu verbinden.

3C Reime

Auch Reime sind Teil der Wort-Assoziationen aus dem Bereich der Musik bzw. Rhythmik. Reime helfen dabei, sich Wörter oder Sätze besser zu merken und zu erinnern, auch wenn sie insgesamt Unsinn ergeben. Sie werden vielleicht feststellen, dass Sie sich absurde Reime besonders gut merken können: Does it **rain** on the **train**? Peter put a b**ean** in the washing mach**ine**.

3D Bewegung

Das, was Sie lernen, kann in eine körperliche Aktivität oder Bewegung verwandelt werden. Sie können beispielsweise beim Lernen durch Ihre Wohnung gehen und auf die Dinge, deren Bezeichnung Sie in der Fremdsprache lernen möchten, zeigen und das entsprechende Wort dabei laut aussprechen.
Auch das Bewegen der Hand bzw. des Armes beim Zeichnen dessen, was man lernen möchte, gehört zu dieser Technik.
Falls Sie sich beim Lernen bisher nicht bewegt haben und dieser Möglichkeit eher skeptisch gegenüberstehen, vielleicht möchten Sie es einmal ausprobieren?

3E Bildhaftes Denken

Vor allem dem visuellen Lerntyp hilft die Assoziation Wort-Bild. Es ist erwiesen, dass unser Gedächtnis Bilder sehr viel besser speichert als Wörter. Sie können also z. B. in Ihrer Lernkartei Bilder oder Zeichnungen neben den jeweiligen Begriffen bzw. Sätzen anbringen.
Sie können aber auch versuchen, sich Bilder zu „erdenken". Schließen Sie dabei die Augen und erstellen Sie eine Gedankenverbindung zu dem zu lernenden Wort oder Satz durch ein Bild. Es ist ganz wichtig, dass Sie dieses Bild „sehen" – z. B. versuchen es auf Ihr Lid zu projizieren – und nicht nur daran denken.

3F Zahlen

Zahlen lassen sich mit Formen oder Reimen assoziieren. Mit diesen Techniken ist es möglich, sich PINs, Telefonnummern, wichtige Daten etc. zu merken.
Die Verbindung Zahl-Form arbeitet mit formähnlichen Bildern, die den Zahlen jeweils zugewiesen werden. Wie bereits erläutert, kann sich unser Gedächtnis Bilder besser merken als abstrakte Wörter oder auch Zahlen. Beispiele für die Zahlen 0 bis 9:

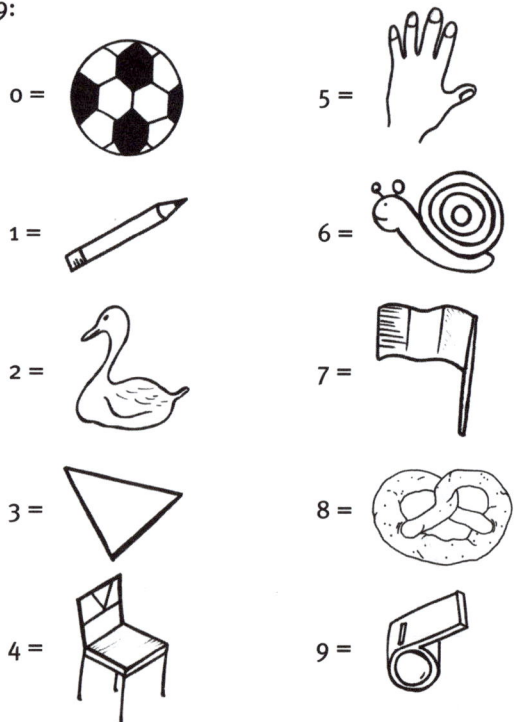

Wenn Sie versuchen, diese Bilder in eine zusammenhängende – und evtl. „merk"würdige – Geschichte zu verwandeln, dann fällt es Ihnen noch leichter, sich die Zahlenkombinationen zu merken. Die Verbindung Zahl-Reim bzw. Assonanz (Gleichklang) – je

eigenartiger, desto besser merkbar – kann eine weitere Hilfe-
stellung bei der Bildfindung für die Zahlen sein. Beispiele für
die Zahlen eins bis zehn: **ein**(s) = **B**ein, zwei / zw**o** = Str**oh**,
d**rei** = **B**rei, v**ier** = **B**ier, f**ünf** = Str**ümpf**e, s**echs** = **Hex**e,
s**ieben** = **Rüben**, a**cht** = **N**acht, n**eun** = Sch**eune**, z**ehn** = **R**en.
Auch hier kann die Verbindung der einzelnen Bilder zu einer
Geschichte sehr nützlich sein.
Und wenn Sie sich Ihre eigenen Bilder ausdenken möchten,
lassen Sie Ihrer Kreativität und Fantasie freien Spielraum.

3G Tasten, Fühlen und Riechen

Auch wenn diese Technik schwer im Bereich des Sprachen-
lernens anwendbar ist, sind diese Sinneseindrücke für das
Gedächtnis sehr nützlich. Gegenstände, ohne sie zu sehen,
anhand ihrer Form oder ihres Geruches bzw. Duftes zu erkennen
und zu bestimmen, entwickelt auch die Fähigkeit, sich an deren
Bezeichnung in der Fremdsprache zu erinnern.

4. Kontextualisierung und Abstraktion

Kontextualisieren Sie Vokabeln, d. h. lernen Sie ganze Sätze
und nicht einzelne Wörter. Es ist sehr viel leichter sich ganze
Ausdrücke oder Sätze zu merken, als einzelne Wörter. Also
z. B. "I like bread." anstatt nur "bread". Verbinden Sie ein Verb
mit mehreren Substantiven – "to listen to music / the radio /
a programme" oder lernen Sie Redensarten und Sprichwörter.
Ergänzen Sie auch Ihre Karteikarten mit Sätzen und Wortver-
bindungen (vgl. Memo-Tipp 2. Lernkartei).
Wenn Sie mit Grammatikregeln konfrontiert sind, dann wiederholen Sie sie am effektivsten, indem Sie versuchen diese
selbstständig aus einem (Kon)text zu erschließen (abstrahie-
ren) und mit eigenen Worten wiederzugeben.

5. Kreativität und Fantasie

Schon mehrfach ist die Wichtigkeit der Fantasie und Kreativität
für das Gedächtnis angesprochen worden. Wenn Sie beispielsweise eine Reihe von Vokabeln ohne Zusammenhang lernen
müssen, versuchen Sie sich unter Verwendung der zu lernenden
Wörter ein Bild, eine Geschichte oder sogar eine Art Comic aus-
zudenken. Je absurder oder „merk"würdiger diese Verbindung
der Wörter ist, desto einfacher werden Sie sie sich merken
können.

Ein Beispiel: *plate – window – uncle – television – floor – fish*.
Sie könnten an Ihren Onkel (*uncle*) denken, der auf dem Fußbo-
den (*floor*) sitzt und von einem Teller (*plate*) isst, daneben ist
ein Fisch (*fish*), der vom Fenster (*window*) aus fernsieht (*television*).

6. Wortspiele

Eine große Portion Fantasie ist auch für Wortspiele nötig. Sie
können z. B. aus einem Wort andere Wörter bilden, indem Sie
sie auseinandernehmen und entweder alle Buchstaben – *goat /
toga* – oder nur einen Teil der Buchstaben – *goat / oat* – wie-
derverwenden. Sie können auch einfach nur einen Buchstaben
ändern und neue Wörter bilden: *goat / boat* etc.

Auflistungen können Sie sich auch anhand der Bildung von
Fantasieworten merken, indem Sie beispielsweise die Anfangssilben zu neuen Wörtern zusammenfügen.

7. Eselsbrücken

Eselsbrücken helfen beim Lernen von Fakten oder Daten durch
leicht zu merkende Sprüche. Sie erinnern sich bestimmt noch
an Eselsbrücken wie „Sieben, fünf, drei – Rom schlüpft aus

dem Ei." oder „Drei, drei, drei – bei Issos Keilerei." aus dem Geschichtsunterricht. Neben den in diesen Beispielen verwendeten Reimen, ist auch die Technik der Verwendung von Anfangsbuchstaben einer Reihe von wichtigen Fakten in einem neuen Kontext sehr verbreitet, so z. B. bei der Reihenfolge der Planeten unseres Sonnensystems: „**M**ein **V**ater **e**rklärt **m**ir **j**eden **S**onntag **u**nsere **N**achbarplaneten." (**M**erkur, **V**enus, **E**rde, **M**ars, **J**upiter, **S**aturn, **U**ranus, **N**eptun)
Mit etwas Fantasie können Sie sich für Ihre Lerninhalte ähnliche Eselsbrücken bauen.

8. Aufmerksamkeit und Konzentration

Ein gutes Gedächtnis ist nur dann garantiert, wenn man – beispielsweise beim Lesen und Lernen oder auch beim Betrachten von Bildern, Grafiken und Plänen – den richtigen Grad an Aufmerksamkeit und Konzentration walten lässt.
Wörtlich meint Konzentration das Lenken des Bewusstseins auf einen Mittelpunkt, wie z. B. das jeweils zu lernende Thema, ein zu betrachtendes Bild oder einen zu lesenden Text. Aufgrund des uns umgebenden großen Reizangebots ist es aber nicht immer leicht, die nötige Aufmerksamkeit und Konzentration über längere Zeit beizubehalten. Wenn Sie merken, dass Sie beim Lernen vom Thema abschweifen, können Sie u. a. durch folgende Übungen Ihre Konzentration wieder schärfen:

– Nehmen Sie sich einen beliebigen Text und lesen Sie für ca. drei Minuten nur die Silben (mit jeweils zwei Sekunden Abstand von Silbe zu Silbe).
– Üben Sie ca. drei Minuten lang die Bauchatmung (beim Einatmen in den Bauch wölbt sich dieser sichtbar nach außen).
– Lesen Sie einen Text um 180° gedreht (also auf dem Kopf stehend).

9. Lesestrategien

Wenn Sie möglichst viele Informationen aus gelesenen Texten behalten wollen, müssen Sie – noch bevor Sie mit der Gedächtnisarbeit beginnen – Ihre Lesetechnik verbessern. Ab Seite 115 werden Sie mit verschiedenen Lesestrategien und dazugehörigen Übungen vertraut gemacht.

10. Logik

Die sehr stark auf Kreativität und Fantasie ausgerichteten vorangegangen Memo-Tipps haben sich auf die rechte Gehirnhälfte bezogen, dem Sitz unserer künstlerischen, erfinderischen und emotionalen Fähigkeiten. Der breite Raum, der diesen im Bereich der rechten Gehirnhälfte angesiedelten Techniken gegeben wurde, ergibt sich aus der Tatsache, dass sich das „normale", Ihnen bekannte Lernen, hauptsächlich im Bereich der linken Gehirnhälfte abspielt, die für Logik, Analyse und Organisation zuständig ist. Da wir nur dann das Potential unseres Gehirns nutzen, wenn beide Gehirnhälften zusammenarbeiten, werden Ihnen auch Übungen zum logischen Denken begegnen.

Auf der folgenden Seite beginnen die Übungen, in denen Sie viele der zuvor genannten Memo-Tipps umsetzen können. In der Randspalte führt Sie das Symbol ▶ Memo-Tipp zurück zu den Erläuterungen des jeweils anwendbaren Memo-Tipps.

Bevor Sie die Arbeitsanweisung lesen und sich die englischen Vokabeln einzuprägen versuchen, überfliegen Sie diese kurz und gehen Sie sicher, dass Sie die Bedeutungen kennen. Bei Verständnisschwierigkeiten hilft das alphabetische Wörterverzeichnis (Englisch – Deutsch) ab S. 144 weiter.

1. **Vielleicht sitzen Sie gerade an Ihrem Schreibtisch und sind von den folgenden Gegenständen umgeben. Prägen Sie sich die Gegenstände in der angegebenen Reihenfolge ein.**

▶ Memo-Tipp 3A + 3E

1. table
2. chair
3. book
4. dictionary
5. pen
6. pencil

7. sharpener
8. rubber
9. lamp
10. ruler
11. notepad
12. glasses

2. **Lesen Sie die folgenden Zahlen laut auf Englisch vor und prägen Sie sie sich ein.**

▶ Memo-Tipp 3F

3	0	17
5	11	6
16	1	8

1. **In welcher Reihenfolge wurden die Gegenstände aufgelistet?**

   ☐ rubber   ☐ lamp

   ☐ pencil   ☐ dictionary

   ☐ table   ☐ pen

   ☐ chair   ☐ sharpener

   ☐ glasses   ☐ ruler

   ☐ book   ☐ notepad

2. **Schreiben Sie in Worten auf Englisch diejenigen Zahlen bis 20, die nicht Bestandteil der Tabelle sind.**

   _____

   _____

   _____

   _____

3. **Lesen Sie die folgenden Sätze und verbinden Sie sie mit den entsprechenden Orten auf der Karte. Merken Sie sich dann die Sätze.**

▶ Memo-Tipp 3E

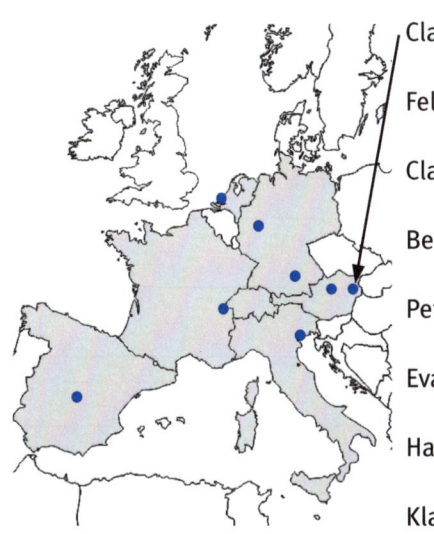

Claudia is from Vienna.

Felipe is from Madrid.

Clara is from Venice.

Bernadette is from Geneva.

Peter is from The Hague.

Eva is from Linz.

Hans is from Munich.

Klaus is from Cologne.

4. **Einfache Reime oder Liedstrophen helfen beim Lernen. Konzentrieren Sie sich auf die folgenden Verse, die jedes englischsprachige Kind in der Schule lernt, um sich die Anzahl der Tage in einem Monat zu merken.**

▶ Memo-Tipp 3C

> *Thirty days hath September*
> *April, June and November*
> *All the rest have thirty-one*
> *Excepting February alone*
> *Which has but twenty-eight days clear*
> *And twenty-nine in each leap year*

3. **Erinnern Sie sich, woher die Personen kommen? Schreiben Sie Sätze mit Nationalitätenadjektiven. Wenn es Personen mit derselben Nationalität gibt, orientieren Sie sich am angegebenen Beispiel.**

1. *Claudia and Eva are* _____

2. _____

3. _____

4. _____

5. _____

6. _____

4. **Schreiben Sie diejenigen Monate auf Englisch, die nicht in den Versen vorkommen.**

_____   _____

_____   _____

_____   _____

_____

5. Prägen Sie sich die folgenden Wörter ein.

▶ Memo-Tipp
3A + 3E

factory worker	pasta
salesman	teacher
chicken	doctor
salmon	sausage
engineer	soup

6. Lesen Sie die folgenden Uhrzeiten laut auf Englisch vor und prägen Sie sie sich ein.

▶ Memo-Tipp
3A + 3E

5. Die Wörter auf der vorangegangenen Seite haben Gemein-
   samkeiten. Wie lauten die entsprechenden Oberbegriffe auf
   Englisch? Ordnen Sie die Wörter diesen Oberbegriffen zu.

_____ :

_____

_____

_____ :

_____

_____

6. Machen Sie neben diejenigen Uhrzeiten ein Kreuzchen,
   die auf der vorangegangenen Seite abgebildet sind.

☐ It's six forty.   ☐ It's midday / twelve o'clock.

☐ It's midnight.   ☐ It's one ten.

☐ It's a quarter to four.   ☐ It's six forty-five.

☐ It's three thirty-five.   ☐ It's twenty to seven.

7. Prägen Sie sich den folgenden Satz ein.

▶ Memo-Tipp 4

My name's Martin, I live in England, in Birmingham. I'm studying architecture but at the moment I'm working in the office of a friend of my father's.

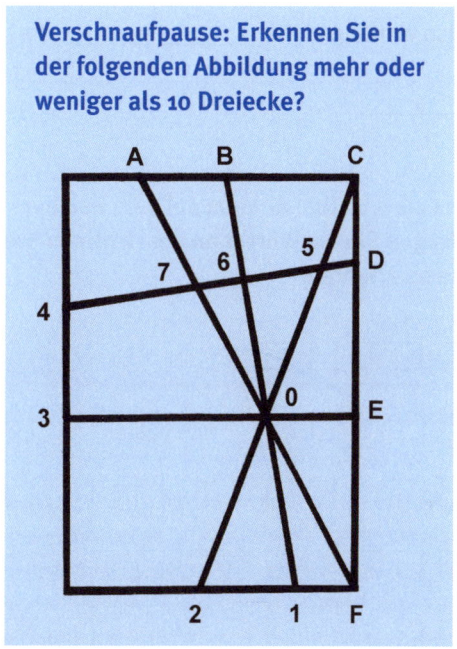

Verschnaufpause: Erkennen Sie in der folgenden Abbildung mehr oder weniger als 10 Dreiecke?

8. Welche Angaben finden Sie auf dem Reisepass? Prägen Sie sich die folgenden Wörter ein.

▶ Memo-Tipp 3A + 3E

surname	first name	date of birth
sex	place of birth	date of issue
	date of expiry	

7. Erinnern Sie sich an die Informationen?
   Vervollständigen Sie den Satz.

His name's _____ , he lives in _____ ,

in _____ . He's studying _____

but he's also working in the _____ of a friend of

his _____ .

8. Wir haben eine wichtige Angabe auf dem Reisepass vergessen.
   Welche? Tragen Sie die Wörter an der richtigen Stelle ein und
   Sie werden es erfahren.

☐ ☐ ☐ ☐ ☐ ☐ ☐

☐ ☐ ☐ ☐   ☐ ☐   ☐ ☐ ☐ ☐ ☐

☐ ☐ ☐ ☐   ☐ ☐   ☐ ☐ ☐ ☐ ☐

☐ ☐ ☐ ☐ ☐   ☐ ☐ ☐ ☐

☐ ☐ ☐ ☐ ☐   ☐ ☐   ☐ ☐ ☐ ☐ ☐

☐ ☐ ☐ ☐   ☐ ☐   ☐ ☐ ☐ ☐ ☐ ☐

Lösung: ☐ ☐ ☐ ☐ ☐ ☐ ☐ ☐ ☐ ☐ ☐

9. **Prägen Sie sich jede der Zahlen ein und blättern Sie dann um.** ▶ Memo-Tipp 3F

two thousand five hundred and sixty-two

fifteen thousand, eight hundred and twenty-seven

one hundred and twenty-eight thousand, four hundred and twenty-six

three hundred and twenty-seven thousand, eight hundred and fourteen

one million, nine hundred and five thousand, three hundred and sixty-six

twenty million and eight

10. **Merken Sie sich die folgenden Wörter aus dem Bereich Nahrungsmittel.**

▶ Memo-Tipp 3A + 3E

hamburger	milk
bread	ham
yoghurt	egg
tomato	butter
strawberry	carrot
fruit	pasta

9. Schreiben Sie die Zahlen in Ziffern.

_____

_____

_____

_____

_____

_____

10. Welche der Wörter sind zählbar? Welche Wörter sind unzählbar?

1. countable:

_____

_____

2. uncountable:

_____

_____

11. **Ordnen Sie die folgenden Wörter den Zeichnungen zu und prägen Sie sie sich ein.**

▶ Memo-Tipp 3E + 3G

plate of pasta   cake   cup of coffee   sweaty feet

rotten fish   dustbin   flower   skunk

_____

_____

12. **Merken Sie sich die folgenden Sätze.**

▶ Memo-Tipp 4

On Monday it's market day.
On Tuesday there's a party.
On Wednesday I've got an exam.
On Thursday I've got lessons.
On Friday there's a football match.
On Saturday there's a good film on TV.
On Sunday there's a concert.

11. **Ordnen Sie die Wörter den folgenden Oberbegriffen zu.**

☺ nice smells: _____

_____

☹ bad smells: _____

_____

12. **Antworten Sie mit „yes" oder „no".**

	Yes	No
1. Is Monday market day?	☐	☐
2. Have you got an exam on Tuesday?	☐	☐
3. Have you got lessons on Wednesday?	☐	☐
4. Is there a football match on Thursday?	☐	☐
5. Is there a party on Friday?	☐	☐
6. Is there a good film on TV on Saturday?	☐	☐
7. Is there a concert on Sunday?	☐	☐

13. Sie haben den Tisch gedeckt. Betrachten Sie die Gegenstände aufmerksam und sprechen Sie laut deren englische Bezeichnungen. Die Wortliste hilft Ihnen dabei. Prägen Sie sich dann die Zeichnung ein.

▶ Memo-Tipp 3E + 8

a glass	a fork	a dessert spoon	salt	
vinegar	a plate	a spoon	pepper	oil

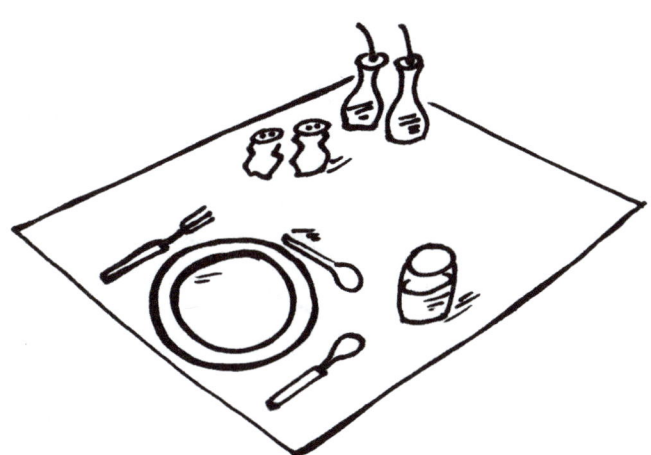

14. Wie steht es um Ihre Logik? Lesen Sie die folgenden Zahlenreihen laut auf Englisch vor und setzen Sie sie logisch fort. Merken Sie sich das jeweilige Kriterium, das hinter den Zahlenreihen steckt.

▶ Memo-Tipp 10

1. Zahlenreihe: 3 – 6 – 9 – 12 – _____

2. Zahlenreihe: 21 – 19 – 17 – 15 – _____

3. Zahlenreihe: 2 – 4 – 8 – 16 – _____

4. Zahlenreihe: 5 – 11 – 23 – 47 – _____

13. Was haben Sie beim Tischdecken vergessen? Nun ist die Zeichnung vollständig. Welche Gegenstände wurden hinzugefügt?

---

14. Hier sehen Sie nun die Zahlen, die Sie auf der vorangegangenen Seite geschrieben haben (sollten). Können Sie jetzt jeder Zahlenreihe aus dem Gedächtnis noch eine weitere Zahl hinzufügen?

1. Zahlenreihe: 15 – _____

2. Zahlenreihe: 13 – _____

3. Zahlenreihe: 32 – _____

4. Zahlenreihe: 95 – _____

15. Schreiben Sie unter jede Zeichnung wie im Beispiel den entsprechenden englischen Ausdruck. Prägen Sie sich dann die Zeichnungen ein.

▶ Memo-Tipp
3A + 3E

apple   chestnut   artichoke   onion
garlic   courgette   grapes   ~~tomato~~

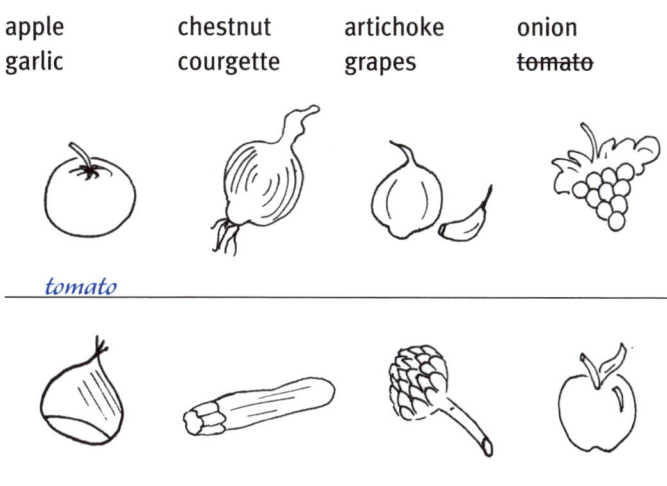

tomato
_____

_____

16. Sie kennen ganz bestimmt die Melodie von „Happy Birthday". Mit dieser Melodie können Sie den folgenden kurzen Liedtext singen und sich einprägen.

▶ Memo-Tipp
3B + 3C

Can I book a room?
Can I book a room?
For three days and two nights,
In the middle of June?

Sorry, there's nothing free.
Sorry, there's nothing free.
But please call back,
At a quarter to three.

15. Ihre Einkaufstasche hatte ein Loch. Was haben Sie verloren?

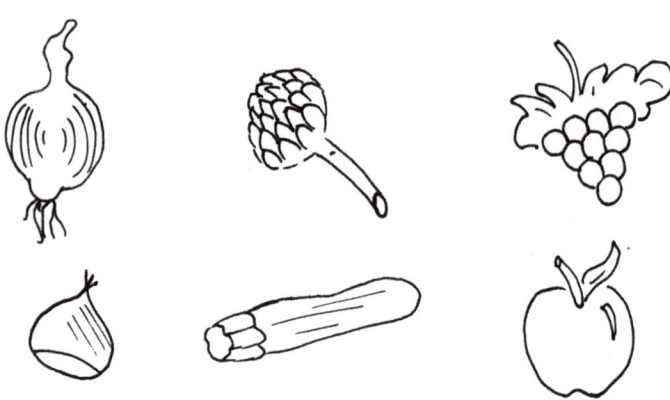

_____

16. Haben Sie den Liedtext auswendig gelernt?
Dann beantworten Sie die folgenden Fragen mit „true"
oder „false".

The person ...	true	false
1. ... is looking for a room.	☐	☐
2. ... needs the room for three nights.	☐	☐
3. ... needs the room in July.	☐	☐
4. ... should call back at four o'clock.	☐	☐

17. **Prägen Sie sich die folgenden Wörter bzw. Wortgruppen ein.**

▶ Memo-Tipp 3A + 4

watch	television
go	for a walk / to the mountains / swimming/ skiing / dancing
play	tennis / cards / football / computer games
ride	a bike
do	sports
stay	at home
listen to	music

Verschnaufpause: Bevor Sie die Aufgabe lesen, gehen Sie sicher, dass Sie die folgenden Ausdrücke kennen: *does it take, longer, double, half*. Beantworten Sie die Frage dann schnell und spontan.

Does it take longer to learn 20 words than double the half of 20 words?

18. **Prägen Sie sich die folgenden Ausdrücke ein.**

▶ Memo-Tipp 6 + 8

specially – quite – very much – not at all

17. **Unterteilen Sie die Wörter und Wortgruppen nach folgenden Kriterien:**

Active person:

_____

_____

_____

Passive person:

_____

_____

_____

18. **Unterstreichen Sie die Wörter bzw. Ausdrücke, die sich aus den einzelnen Buchstaben der vorangegangenen Adverbien bilden lassen.**

activity	rarely	sport
enjoy	reading	hate
cinema	theatre	hardly ever
regularly	leisure	occasionally

19. Prägen Sie sich die folgenden Wörter ein.

▶ Memo-Tipp 3C

city	thought	meat	tear
remember	feet	beer	wet
bought	sweat	November	inviting
	exciting	pretty	

Verschnaufpause: Ergänzen Sie die fehlende Zahl in dieser logischen Reihenfolge, indem Sie bei 10 starten.

10 13 12 15 14 17 16

20. Sie erwarten Gäste zum Abendessen und müssen einkaufen gehen. Prägen Sie sich die Einkaufsliste aufmerksam ein.

▶ Memo-Tipp 3A + 3E

20 bread rolls
4 bottles of mineral water
2 chickens
10 veal steaks
paper napkins

3 bottles of wine
1 crate of beer (12 bottles)
10 pork fillets
paper cups

19. Schreiben Sie die Wörter, die sich reimen, jeweils nebeneinander.

_____   _____

_____   _____

_____   _____

_____   _____

_____   _____

_____   _____

_____   _____

20. Beantworten Sie die folgenden Fragen.

1. What drinks are on the list?

_____

2. What kind of meat do you have to buy?

_____

3. How many bottles?

_____

4. Which words don't have a number in front of them?

_____

21. Lesen Sie mehrere Male so schnell wie möglich das englische Alphabet von *a* bis *z* nur mit den Augen.
Dann lesen Sie es langsamer und laut auf Englisch.

▶ Memo-Tipp 8

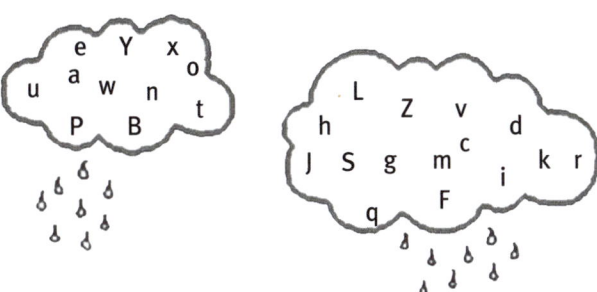

22. Prägen Sie sich die folgenden Sätze in der vorgegebenen Reihenfolge ein.

▶ Memo-Tipp 3D

1. I take three steps to the right.

2. I take three steps to the left.

3. I take four steps forward.

4. I take four steps back.

5. I stand on a chair.

6. I go towards the window.

7. I stand next to the table.

8. I get under the table.

9. I stand between the sofa and the television.

21. Schreiben Sie das englische Alphabet. Welche der Buchstaben wurden auf der vorangegangenen Seite groß geschrieben und welche klein?

_____

_____

_____

Verschnaufpause: Sehen Sie sich aufmerksam die folgenden Buchstaben an. Sie folgen nach einem logischen (aber nicht mathematischen) Kriterium aufeinander. Welcher Buchstabe muss an zehnter Stelle stehen? Wenn Sie nach ein paar Minuten nicht auf die Lösung kommen, sehen Sie sich nach und nach die Tipps an.

T – N – E – S – S – F – F – T – T – ?

Tipp 1:   Die Buchstaben stellen Initialen englischer Wörter dar. Sie kommen immer noch nicht weiter? Dann lesen Sie den nächsten Tipp.

Tipp 2:   Denken Sie an Zahlen.

22. Stehen Sie nun auf und folgen Sie aktiv den Anweisungen. Wiederholen Sie dabei laut die Sätze. Sie kommen sich dabei etwas dumm vor? Dann liegt Ihnen der Memo-Tipp 3D vielleicht nicht. Probieren Sie es trotzdem aus.

23. Prägen Sie sich die folgenden Zahlen-Bilder bzw. Formen-Kombinationen ein. Versuchen Sie dann, sich die angegebenen Telefonnummern zu merken, indem Sie sich anstatt der Zahlen die entsprechenden Bilder einprägen. Wenn sie möchten, können Sie auch kurze Geschichten erfinden, die sich um die den Zahlen zugeordneten Bilder drehen.

▶ Memo-Tipp 3F

0 = ⚽

5 = 🖐

1 = ✏

6 = 🐌

2 = 🦢

7 = 🚩

3 = ▽

8 = 🥨

4 = 🪑

9 = 🔔

Linda:	47 85 96 73	Charlie: 74 65 20 13
Sally:	85 14 62 45	Mark: 83 54 92 75

24. Ist Ihnen die in Übung 23 angewendete Technik schwergefallen? Dann probieren Sie das folgende System aus: Prägen Sie sich diesen sinnlosen Ausdruck und die zu jedem Buchstaben gehörige Zahl ein.

V	I	D	E	O	C	L	U	B	S
1	2	3	4	5	6	7	8	9	0

**23. Erinnern Sie sich an die Telefonnummern?
Schreiben Sie sie auf.**

Linda's telephone number: _____

Mark's telephone number: _____

Charlie's telephone number: _____

Sally's telephone number: _____

**24. Folgen Sie dem Beispiel und verwandeln Sie die folgenden
PINs im Sinne des auf der vorangegangenen Seite
eingeprägten Systems.**

0874:   _____   12690:   _____

10701:   _____   58233:   _____

98761:   _____   40691:   _____

Versuchen Sie, sich wichtige PINs anhand eines ähnlichen
Systems zu merken. Wichtig: Nur Sie dürfen das Wort bzw. den
Ausdruck, der sich dahinter verbirgt, wissen.

25. **Merken Sie sich die folgenden Sätze.**　▶ Memo-Tipp 4

1. I'm arriving tomorrow.

2. I'm going to the gym.

3. Peter's sleeping.

4. I'm a doctor.

5. I'm not coming because I feel ill.

> **Verschnaufpause:** Bevor Sie die Aufgabenstellung lesen, gehen Sie sicher, dass Sie den Ausdruck *what's the sum?* verstehen.
>
> If A = 1, B = 2, C = 3 etc. what's the sum of F + N?
>
> F + N = _____

26. **Prägen Sie sich die folgenden Ausdrücke ein.**　▶ Memo-Tipp 3E + 4

eat ice-cream　　　　　sunbathe

wear a coat　　　　　　harvest grapes

eat chestnuts　　　　　see swallows

go skiing　　　　　　　plant flowers

25. Vervollständigen Sie die folgenden Fragen, die sich auf die Sätze der vorangegangenen Seite beziehen.

1. Who _____ ?

2. Where _____ ?

3. When _____ ?

4. Why _____ ?

5. What _____ ?

26. Fügen Sie die Ausdrücke neben die dazugehörigen Jahreszeiten ein.

1. In spring you _____

   and _____ .

2. In summer you _____

   and _____ .

3. In autumn you _____

   and _____ .

4. In winter you _____

   and _____ .

27. Prägen Sie sich die Namen der folgenden Haltestellen der London Underground in der angegebenen Reihenfolge ein.

▶ Memo-Tipp 3A

1. Baker Street

2. Greenwich

3. Shepherd's Bush

4. Preston Road

5. Tower Hill

6. Kew Gardens

> **Verschnaufpause: Wie viele Farben bzw. Farbstifte benötigt man, wenn man eine Ampel, die Fahnen Großbritanniens, Österreichs und der Schweiz sowie einen englischen Briefkasten zeichnen möchte?**

28. Wie aufmerksam können Sie beobachten? Betrachten Sie die folgenden Ausdrücke, vor allem die Verben.

▶ Memo-Tipp 4 + 8

He drove a car.

He ate a cake.

He got a present.

He bought a book.

He spoke English.

He sang a song.

He took a train.

He broke a plate.

27. **Hier sehen Sie nun die Farben der Londoner Underground Linien. Die Farben sind so gewählt, dass sie wichtige Buchstaben der entsprechenden Haltestellen enthalten oder farblich und bildlich an diese erinnern. Ergänzen Sie mit den Haltestellen.**

1. red = *Shepherd's Bush* _____

2. green and white = _____

3. yellow = _____

4. brown = _____

5. green = _____

6. purple = _____

28. **Schreiben Sie die Verben in ihrer Grundform. Was haben sie aus grammatikalischer Sicht gemeinsam?**

_____

_____

_____

_____

29. Kennen Sie die Melodie von „Mein Onkel hat 'nen Bauernhof ia-ia-o" (auf Englisch „Old MacDonald had a farm ee i ee i o")? Singen Sie den folgenden Text mit dieser Melodie und prägen Sie ihn sich dabei ein.

▶ Memo-Tipp 3B

I work in a library, ee i ee i o

I like it so I work for free, ee i ee i o

Come and have a look, there are lots of books,

On the floor, by the door, but we close at four, four.

I work in a library, ee i ee i o

And all my friends come in to read, ee i ee i o

There are lots of chairs, even on the stairs,

Poetry, history, or a crime story, ry.

I work in a library, ee i ee i o

On Fridays we have cake and tea, ee i ee i o

When it's time to go, my friends say "Oh, no!"

And I say, go away, come another day, day,

I work in a library, ee i ee i o.

30. Prägen Sie sich die folgenden Silben ein.

▶ Memo-Tipp 6

LE   LI   PHY   LO   GE

29. Beantworten Sie die Fragen.

1. Where can you find books?

   _____

2. What time does it close?

   _____

3. Where can you find chairs?

   _____

4. What do you call writing that rhymes?

   _____

5. What does he serve on Fridays? _____

30. In den folgenden Wörtern sind die Silben durcheinander geraten. Außerdem fehlt jedem Wortpaar eine Silbe von der vorigen Seite. Stellen Sie die Wörter wieder her.

CAL – GI	SSAL – CO
COP – HE – TER	RAL – BE
GIC – THAR	PHONE – TE
RAL – NE	RY – SUR
SI – CAL	GRA – GEO

31. Prägen Sie sich die folgenden Nummernschilder ein.

▶ Memo-
Tipp 3F

32. Prägen Sie sich die folgende Beschreibung ein.

▶ Memo-
Tipp
3D + 3E

The post office is next to the bank.

Behind the bank there's a café.

Opposite the café there's a petrol station.

Next to the petrol station there's a car park.

Between the car park and the supermarket there's a bus stop.

31. Vervollständigen Sie die Nummernschilder.

32. Zeichnen Sie nun die beschriebenen Gebäude. Halten Sie sich dabei auch an die beschriebene Positionierung der Gebäude.

33. Die folgenden Substantive bzw. Adjektive sind für Personen-
beschreibungen notwendig. Prägen Sie sie sich ein.

▶ Memo-
Tipp
3A + 3E

face	glasses	hair	height
moustache	beard	complexion	eyes
bald	tall	short	fat

34. Betrachten Sie aufmerksam die Zeichnung. Beschreiben Sie
dann Vater und Sohn laut auf Englisch.

▶ Memo-
Tipp
3E + 8

33. **Unterstreichen Sie die neu hinzugekommenen Wörter.**

thin	glasses	pale	mouth
hair	beard	moustache	slim
height	complexion	face	stocky
bald	tall	short	eyes
fat	old		

34. **Welche Eigenarten haben Vater und Sohn gemeinsam? In was unterscheiden sie sich?**

Both _____

_____

_____ .

The father _____

_____ .

The son _____

_____ .

35. Prägen Sie sich die genannten Wörter ein. Lassen Sie aber auch die nicht erwähnten Körperteile nicht außer Acht.

▶ Memo-Tipp 3E + 8

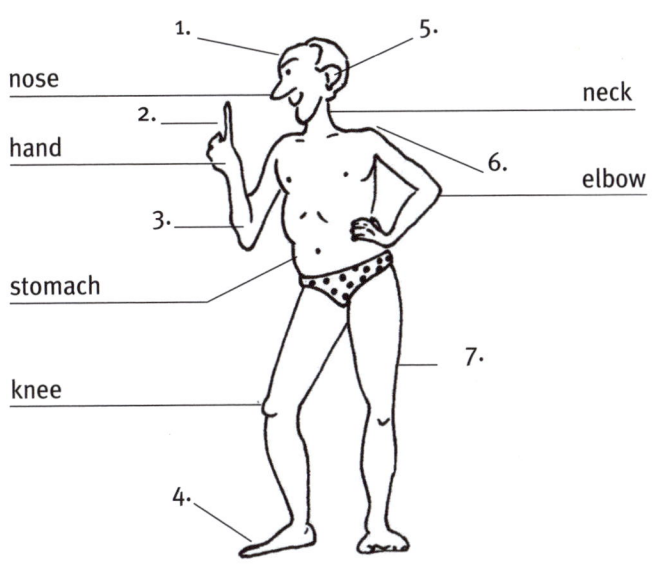

nose

hand

stomach

knee

1.

2.

3.

4.

5.

neck

6.

elbow

7.

36. Die folgenden Adjektive beschreiben Körperteile. Welche?

▶ Memo-Tipp 3A

_____ Roman, lumpy, snub

_____ oval, round, chubby

_____ curly, thick, greying

_____ slim, bow, hairy

_____ big, green, blue

_____ thin, full, rosebud

35. Welchen Zahlen an der Zeichnung entsprechen die folgenden Wörter?

shoulder: Nr. _____   foot: Nr. _____

arm: Nr. _____   ear: Nr. _____

finger: Nr. _____   head: Nr. _____

leg: Nr. _____

Tragen Sie die fehlenden Wörter in die Zeichnung auf der vorangegangenen Seite ein.

36. Welche Adjektive sind verschwunden?

eyes   green, big, _____

legs: bow, hairy, _____

face   round, chubby, _____

lips   thin, full, _____

hair   thick, curly, _____

nose   Roman, snub, _____

37. Im Folgenden lernen Sie einige englische Redensarten kennen. Ersetzen Sie die Lücken jeweils mit der Bezeichnung eines Körperteils. Prägen Sie sich die Sätze dann ein.

▶ Memo-Tipp 4

1. To be in good _____ .

2. To take something to _____ .

3. To pull the wool over someone's _____ .

4. To pay through the _____ for something.

5. To put your _____ in it.

38. Prägen Sie sich die folgenden Kombinationen aus Zahlen und Ereignissen bzw. Berühmtheiten ein.

▶ Memo-Tipp 3E + 3F

007	James Bond	25	Christmas Day
1	New Year's Day	3	French hens
6	the 6 wives of Henry VIII	28	days in February
10	Downing Street	66	football World Cup win
12	days of Christmas	50	the Queen's golden jubilee

37. Schreiben Sie die Redensarten unter die entsprechenden Erläuterungen.

1. To pay an inflated price for something.

   _____

2. To say something embarrassing or tactless.

   _____

3. To deceive or cheat someone.

   _____

4. To be in competent or safe care.

   _____

5. To take something seriously.

   _____

38. Wem bzw. was entsprechen die folgenden „Daten"?

1266 = _____   6625 = _____

2516 = _____   50007 = _____

1007 = _____   1236 = _____

2866 = _____   5010 = _____

39. Prägen Sie sich die folgenden Verben ein.   ▶ Memo-
Tipp 7

1. idolise	2. need	3. speak	4. take
5. read	6. use	7. make	8. eat
9. negotiate	10. travel	11. ask	12. like

**40. Hier nun die Beschreibung eines Tagesablaufs. Lesen Sie
die Sätze und prägen Sie sich die Handlungen (ohne Details)
und deren Reihenfolge ein.**   ▶ Memo-
Tipp 4

I got up.

I had a coffee.

I had a shower.

I had breakfast.

I studied a little English.

I left the house.

I came home at about 4pm.

I had dinner.

I went to bed.

39. Ohne zunächst weiterzulesen, versuchen Sie, die Verben zu wiederholen. Wie viele konnten Sie sich merken?

_____

_____

_____

Versuchen Sie nun, die Verben mit Hilfe der folgenden Eselsbrücke zu wiederholen. Die Anfangsbuchstaben der Verben bilden das folgende Wort.

INSTRUMENTAL

40. Rekonstruieren Sie die Handlungen des Tagesablaufs, allerdings in umgekehrter Reihenfolge. Folgen Sie dabei dem Beispiel.

I went to bed. _____

_____

_____

_____

_____

_____

41. Prägen Sie sich die folgenden Sätze mit der entsprechenden Nummerierung ein.

▶ Memo-Tipp 4

1. I've never met Janet's husband. He's always out when I visit.

2. I never met my grandfather. He died before I was born.

3. He's read that book several times.

4. He read that book when he was at school.

5. Your visitors have arrived. They're waiting outside.

6. Your visitors arrived a few minutes ago.

7. The company has been sold.

8. The company was sold to the French last year.

Verschnaufpause: Bevor Sie die Aufgaben lösen, gehen Sie sicher, dass Sie alle Ausdrücke verstehen.

This year I've won the lottery three times and each time was in a month with 8 letters. Is that possible?

---

42. Prägen Sie sich die folgenden Wörter ein. Beachten Sie besonders deren Endungen; vielleicht entdecken Sie dabei einen Trick, mit dem Sie sich die Wörter leichter merken können.

▶ Memo-Tipp 7

mankind – custom – mental – travel – tomboy – shipment – talisman – friendship – crocus – kindness – velcro – boyfriend

41. Ergänzen Sie nun mit Hilfe der Beispielsätze der vorangegangenen Seite die Regeln zum *present perfect* und *simple past*. Schreiben Sie neben jede Regel die Zahl des entsprechenden Beispielsatzes.

The present perfect is formed with have / has and the past participle of a verb. The present perfect links the present and the past and is used:

- to talk about news without a specific time (sentences ____ + ____).
- to talk about the time until now (sentences ____ + ____).

The simple past refers to a finished time (sentences ____ + ____ + ____) or a closed possibility (sentence ____).

42. Haben Sie den Domino-Trick entdeckt? Die letzten Buchstaben eines Wortes sind mit den ersten Buchstaben eines anderen Wortes identisch. Wiederholen Sie die Wörter auf diese Weise, indem Sie mit „travel" beginnen.

_____

_____

_____

43. Prägen Sie sich die folgenden Zahlen ein.

► Memo-Tipp 3F

2212	3009	2410	1208
1411	2807	2001	2102

> **Verschnaufpause: Welches ist die größte vierstellige Zahl, die aus jeweils verschiedenen Ziffern gebildet werden kann?**
>
> _____

44. Prägen Sie sich die folgenden Verben ein, blättern Sie dann auf die nächste Seite.

► Memo-Tipp 3G

watch	sniff	caress	stroke
feel	observe	listen	see
	touch	taste	

Prägen Sie sich auch die folgenden Adjektive ein und blättern Sie dann noch einmal um.

► Memo-Tipp 3G

deafening	bitter	rough	transparent
warm	soft	smooth	light
sweet	green	flavourless	fetid

43. Die Zahlen der vorangegangenen Seite stellen Geburtstage dar. Ergänzen Sie den folgenden Text mit diesen Geburtstagen (Tag und Monat) in chronologischer Reihenfolge.

It's David's birthday on _____ , Janet's on

_____ , Linda's on _____ ,

Simon's on _____ , Katie's on _____ ,

Lucy's on _____ , Sandra's on _____ ,

Philip's on _____ .

44. Ordnen Sie die Verben den fünf Sinnen zu. Blättern Sie dann für Teil 2 der Übung noch einmal zurück.

Sight: _____

Hearing: _____

Taste: _____

Touch: _____

Smell: _____

Ergänzen Sie die Auflistung mit den Adjektiven.

Welche Adjektive kommen zweimal vor? _____

45. Konzentrieren Sie sich auf jede einzelne Zeile, prägen Sie sich die Wörter bzw. Zeichnungen ein, indem Sie sie laut wiederholen. Blättern Sie dann um und lesen Sie die weiteren Anweisungen für jede der Zeilen.

▶ Memo-Tipp 3E

1.

2. ice – hat – belt – boots – coat

3.

4. sweater – living room – blouse – balcony – terrace

5. sun – bathrobe – bikini – socks – raincoat

46. Prägen Sie sich folgende Verben in Dreiergruppen mitsamt der Nummerierung ein.

▶ Memo-Tipp 3A + 4

1. close, slam, half-close

2. wash, dry, chip

3. cork, uncork, drain

4. fill, open, empty

5. leaf through, read, scuff

45. Lesen Sie nun Frage für Frage und decken Sie die noch nicht bearbeiten Fragen ab. Die Nummerierung der Fragen entspricht den Zeilen der Vorgängerseite.

1. How many items of clothing are there? _____

2. Which word is in the middle? _____

3. Which picture is missing? _____

4. Which words have been switched?

   terrace – living room – blouse – balcony –sweater

5. Are these words in the right order?

   sun – bathrobe – bikini – socks – raincoat

46. Welcher Begriff passt zu welcher Gruppe von Verben? Ergänzen Sie mit der entsprechenden Nummer.

bottle _____   drawer _____   glass _____

door _____   book _____

47. Betrachten Sie aufmerksam die folgende Zeichnung.

▶ Memo-
Tipp
3E + 8

48. Konzentrieren Sie sich auf die folgenden Wörter und deren Position.

▶ Memo-
Tipp
3A + 8

clogs

dressing gown

pants

mules

vest

tracksuit

b

apron

PYJAMAS

r

a

slippers

47. Antworten Sie mit „true" oder „false".

♂ He ...   true   false
1   is wearing trousers with horizontal stripes.   ☐   ☐
2. is wearing a spotted tie.   ☐   ☐
3. is wearing a sweater.   ☐   ☐
4. is wearing a jacket.   ☐   ☐

♀ She ...
5. is wearing boots.   ☐   ☐
6. is wearing a tight dress.   ☐   ☐
7. is wearing a necklace.   ☐   ☐
8. is carrying a handbag.   ☐   ☐

48. Welche Wörter wurden verschoben oder gelöscht?

clogs

dressing gown

pants

mules

vest   tracksuit

b

apron   PYJAMAS

r

a   slippers

Wo trägt man die meisten dieser Kleidungsstücke?

_____

49. Lesen Sie die folgenden Sätze und konzentrieren Sie sich vor allem auf die Namen und die dazugehörigen Gegenstände.

▶ Memo-
Tipp
3E + 4

What do they pack?

David packs his trainers, Nordic Walking sticks and tracksuit bottoms.

Jamie packs his ski-boots, skis and sledge.

Adrian packs his oxygen tank, wet suit, goggles and flippers.

Patsy packs her bathrobe, bikini and sun cream.

Jack packs his glasses, reading glasses, hearing aid and false teeth.

50. Lesen Sie die folgende Buchstabenreihe laut vor. Darin finden sich einige „richtige" Wörter, aber auch ein paar Buchstaben, die dort nichts zu suchen haben. Prägen Sie sich die „richtigen" Wörter ein.

▶ Memo-
Tipp
3A + 6

s h o w e r u d b a t h b s t u d y n t o i l e t w i n

d o w m a t t r e s s c p t o w e l o m d o o r e t f

r s i b a l c o n y i d l i v i n g r o o m h e g s t o r

e y b t u h f a c a d e p o r f l o o r t a w b i d e t

49. Erinnern Sie sich an die Namen?

What are their names?

1. The winter-sports fan? _____

2. The beach lover? _____

3. The sportsman? _____

4. The diver? _____

5. The pensioner? _____

> **Verschnaufpause: Versuchen Sie den folgenden englischen Zungenbrecher laut und ohne zu „stolpern" zu lesen.**
> Peter Piper picked a peck of pickled peppers. If Peter Piper picked a peck of pickled peppers, how many pickled peppers did Peter Piper pick?

50. An welche Wörter erinnern Sie sich? Und unter welchem Oberbegriff lassen sich diese einordnen?

_____

_____

_____

_____

51. Prägen Sie sich die folgenden Wörter in der angegebenen Reihenfolge ein.

▶ Memo-Tipp 3A + 3E

1. skyscraper →	2. stairs →	3. study →
4. flat →	5. cellar →	6. wall →
7. attic →	8. living room →	9. house →
10. lift →	11. hall	

Verschnaufpause: Lösen Sie die folgende „Gleichung" nach X auf.

oven : cook = mattress : X → X = _____

52. Es folgt die Beschreibung einer Wohnung. Bilden Sie die Wohnung mental ab.

▶ Memo-Tipp 3A + 3E

Bedroom: double bed, 2 duvets, cupboard

Kitchen: fridge, oven, 2 windows, dishwasher

Living room: television, table, 4 chairs, lamp, sofa

Bathroom: washbasin, bath, washing machine, toilet paper

Hall: cupboard

Storage room: vacuum cleaner, broom

**51. Versuchen Sie nun, die Reihenfolge der Wörter in dem folgen-
den Schema nachzuverfolgen. Beginnen Sie oben links und
enden Sie unten rechts. Schreiben Sie hinter jedes Wort die
entsprechende Nummer. Das jeweils folgende Wort kann im
Umkreis aller benachbarten Felder stehen. Aber Vorsicht:
Jedes Kästchen kann nur einmal verwendet werden.**

skyscraper	stairs	flat	living room	house	hall
stairs	attic	study	attic	attic	house
study	cellar	flat	living room	wall	living room
wall	living room	attic	cellar	lift	house
cellar	stairs	wall	wall	lift	living room
hall	study	hall	house	cellar	hall

52. Beantworten Sie die folgenden Fragen.

1. How many cupboards are there in the flat? _____

2. How many electrical appliances? _____

3. Is there a bath or a shower in the bathroom? _____

4. Is there a hall in the flat? _____

5. Are there 3 windows in the kitchen? _____

53. Die folgende Aufgabe testet Ihre Beobachtungsgabe. Lesen Sie aufmerksam die Sätze und versuchen Sie, die Verbindung zwischen den Personen und den jeweiligen Verkehrsmitteln zu verstehen.

▶ Memo-Tipp 8

Carol only travels by car or by coach.

Fiona always travels by ferry or on foot.

Andrew only travels by airplane.

Bobby prefers his bicycle.

Sandra always travels by scooter or skateboard.

> **Verschnaufpause: Versuchen Sie die folgende Frage innerhalb von 20 Sekunden zu lösen.**
>
> How many wheels are there on 10 bicycles, five motorbikes with sidecars and three cars?
>
> _____

54. Merken Sie sich die Sätze. Vielleicht hilft es Ihnen die typischen Bewegungen nachzumachen.

▶ Memo-Tipp 3D

I'm so hungry!	I'm so thirsty!	I'm so tired!
It's so cold!	It's so hot!	It's so boring!
It's so windy!	It's so late!	It's so rainy!
	It's so disgusting!	

53. Haben Sie die Verbindung entdeckt? Dann geben Sie an, welche Verkehrsmittel die folgenden Personen nutzen könnten.

Brendan _____

Tina _____

Sam _____

Erfinden Sie noch weitere Kombinationen aus Vornamen und Verkehrsmittel.

_____

_____

54. Schreiben Sie die Sätze neben den jeweils passenden Gegenstand.

heater → _____   umbrella → _____

mattress → _____   yawn → _____

glass → _____   clock → _____

sun → _____   scarf → _____

sandwich → _____   hair in
the soup → _____

55. Prägen Sie sich die folgenden Adjektive und ganz besonders
auch deren Position ein.

▶ Memo-
Tipp
3A + 8

high	thin	weak
polite	aggressive	near
narrow	distracted	ugly
short	stupid	small

Verschnaufpause:
Verbinden Sie die
folgenden neun Punkte
mit lediglich
4 geraden Linien.

● ● ●

● ● ●

● ● ●

56. Merken Sie sich die folgenden Adjektive, die für Charakter-
beschreibungen von Personen nützlich sind. Um sich die
Adjektive besser einzuprägen, können Sie bei jedem Wort an
Personen aus Ihrem Freundes- und Bekanntenkreis denken.

▶ Memo-
Tipp
3A + 3E

affectionate	talkative	demanding	extroverted
jealous	generous	impulsive	enterprising
vain	passionate	sociable	stubborn

55. Fügen Sie die folgenden Gegenteile entsprechend der Positionen auf der vorangegangenen Seite ein.

attentive	low	beautiful	wide
strong	far	big	fat
intelligent	long	peaceful	rude

_____   _____   _____

_____   _____   _____

_____   _____   _____

_____   _____   _____

56. Bringen Sie nun die Adjektive mit Personen aus Ihrem Freundes- und Bekanntenkreis oder mit Prominenten in Verbindung.

Sally is extroverted. Tim is _____ .

Linda and Will are _____

_____

_____

_____

57. Prägen Sie sich die folgenden Adjektive ein.

▶ Memo-
Tipp
3A + 4

capable – incapable   patient – impatient   logical – illogical

regular – irregular   happy – unhappy   legal – illegal

moral – immoral   tidy – untidy

58. In diesem Reimspiel sollen Sie sich unter Verwendung von Ortsnamen Reime ausdenken. Jede Strophe beginnt mit „I met a man, a man from ...". Orientieren Sie sich am angegebenen Beispiel und erfinden Sie neue Reime. Die Reime müssen keinen Sinn ergeben, lassen Sie Ihrer Fantasie freien Lauf!

▶ Memo-
Tipp
3C + 6

I met a man, a man from Brighton,
Who went out and left the light on.

I met a man, a man from King's Lynn,

Who _____ .

I met a man, a man from Dover,

Who _____ .

I met a man, a man from Bath,

Who _____ .

57. **Ergänzen Sie mit der passenden negativen Vorsilbe.**

moral _____   happy _____

capable _____   regular _____

legal _____   patient _____

logical _____   tidy _____

> **Verschnaufpause: Welches ist die kleinste vierstellige Zahl, die man von links nach rechts und von rechts nach links lesen kann?**
>
> _____

58. **Mit welchen englischen Ortsnamen könnten sich die folgenden Wörter reimen?**

undone / _____   fridge / _____

school / _____   parcel / _____

pistol / _____   pork / _____

jester / _____   seeds / _____

59. Prägen Sie sich die folgenden Buchstaben ein.

▶ Memo-Tipp 7

ER – N – SI – TER – BA – TH – U – COU – EW

Verschnaufpause: Vervollständigen Sie mit der fehlenden Zahl.

2	→	2
8	→	16
100	→	300
20	→	80
300	→	?

? = _____

60. Finden Sie den Begriff, der sinngemäß nicht in die jeweilige Wortreihe passt und prägen Sie sich ihn ein.

▶ Memo-Tipp 3A

1. father – parents – mother – recall

2. grandfather – labour – grandson – grandmother

3. tidy – wife – bridegroom – husband

4. daughter-in-law – son-in-law – vestry – father-in-law

59. Wenn Sie bei den folgenden Wortteilen die richtigen der eingeprägten Buchstaben ein- bzw. hinzufügen, erhalten Sie neue Wörter mit einer anderen Bedeutung. Thema der neuen Wörter ist „Familie".

moth → _____   ster → _____

so → _____   faer → _____

broer → _____   neph → _____

ant → _____   sin → _____

daugh → _____   husnd → _____

60. Schreiben Sie die Wörter, die nicht in die jeweilige Reihe gepasst haben, nacheinander auf. Schreiben Sie dann die Buchstaben der Anfangssilben in die Kästchen daneben. Nacheinander gelesen ergeben die Silben den Oberbegriff für die restlichen Wörter der vorangegangenen Seite.

1. _____ → ☐ ☐

2. _____ → ☐ ☐

3. _____ → ☐ ☐

4. _____ → ☐ ☐ ☐

Lösung: ☐ ☐ ☐ ☐ ☐ ☐ ☐ ☐ ☐

61. Prägen Sie sich die folgenden Wörter ein und achten Sie dabei besonders auf deren Genus (maskulin oder feminin).

▶ Memo-Tipp 3A

widower	bachelor	husband	spinster
wife	single	spouse	divorcée
	widow	partner	

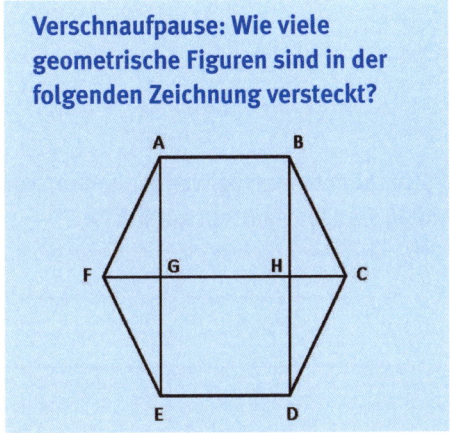

Verschnaufpause: Wie viele geometrische Figuren sind in der folgenden Zeichnung versteckt?

62. Prägen Sie sich die folgenden Wörter ein. Sie mögen auf den ersten Blick ungewöhnlich sein, sind aber bei Reisen sehr nützlich.

▶ Memo-Tipp 3A + 3E

check-in – landing – platform – station master – jack –

headlight – boarding-pass – luggage check – couchette –

take off – brakes – clutch – windscreen wipers

61. Welche Wörter können sich nur auf einen Mann (♂)
beziehen? Welche nur auf eine Frau (♀)? Und welche – evtl.
mit Anpassungen – auf Mann und Frau (♂ + ♀)?

♂ _____

♀ _____

♂ + ♀ _____

_____

_____

62. Welche Wörter könnte man verwendet haben, wenn man mit
den folgenden Transportmitteln gereist ist?

aeroplane: _____

_____

train: _____

_____

car: _____

_____

63. Prägen Sie sich die folgenden Wörter ein.

▶ Memo-Tipp
3A + 3E

hail	snow	rain	thunder	wind
cloud	sun	fog	warm	cold

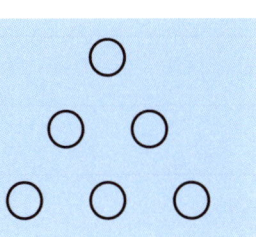

Verschnaufpause:
Fügen Sie die Zahlen
1 bis 6 so in das Dreieck
ein, dass sich auf jeder
der drei Seiten die
gleiche Summe ergibt.

64. Prägen Sie sich die Ausdrücke des folgenden Wetterberichts ein. Die Reihenfolge ist wichtig.

▶ Memo-Tipp
3E + 4

Weather Forecast

today:	foggy in the morning
tomorrow:	cloudy all day
Tuesday:	a few clouds
Wednesday:	rain or storms
Thursday:	warm
Friday:	clear skies
Saturday:	showers possible

63. Verwandeln Sie mit Hilfe der unten stehenden Angaben die Wörter der vorangegangenen Seite in einen Satz.

It's _____*windy*_____ .

It's _____ .

It's _____ .

_____ .

_____ .

_____ .

_____ .

_____ .

_____ .

_____ .

There's thunder _____ .

64. An welchen Tagen wird das Wetter schön sein und an welchen nicht? Vervollständigen Sie die ersten beiden Zeilen und beantworten Sie dann die Frage nach dem Wochentag.

Good weather: _____

Bad weather: _____

What day is today? _____

65. **Prägen Sie sich Bild, Schriftzug und Nummerierung ein.**

▶ Memo-Tipp 3E

1. No waiting   2. No entry   3. No access

4. No smoking   5. No exit

66. **Prägen Sie sich die folgenden Sätze ein. Vielleicht hilft es Ihnen, sich die möglichen Situationen oder Verbotsschilder vorzustellen.**

▶ Memo-Tipp 3E + 4

1. Parking in front of the driveway is not allowed.

2. Crossing the lines is not allowed.

3. Leaning against the doors is not allowed.

4. Playing ball is not allowed.

5. Bringing dogs is not allowed.

6. Smoking is not allowed.

65. Was ist verboten? Versehen Sie die folgenden Sätze mit den Bildnummern.

Don't go out!   → Nr. _____   Don't smoke!   → Nr. _____

Don't go in!   → Nr. _____   Don't go through! → Nr. _____

Don't stop!   → Nr. _____

Wie bildet man im Englischen den verneinten Imperativ?

_____

_____

66. Schreiben Sie die Verbote mit dem Imperativ. Folgen Sie dem angegebenen Beispiel.

1. *Don't park in front of the driveway.* _____

2. _____

3. _____

4. _____

5. _____

6. _____

67. Lesen Sie die folgenden Ausdrücke und achten Sie dabei besonders auf die „Unbekannten" A, B, X, Y und Z.

▶ Memo-Tipp 4

X centre – to apply for a X – a full-time X – a part-time X

private Y – to raise Y – to have sufficient Y – venture Y

to choose a Z – to build a Z – Z opportunities – a Z woman

sales A – personnel A – press A – advertising A

a family-owned B – a limited B – to set up a B – to work for a B

68. Suchen Sie im Buchstabengitter 13 Wörter (Substantive und Verben), die dem Bereich „Arbeit" entstammen. Die Wörter sind waagrecht (von rechts oder von links), senkrecht (von oben oder von unten) und diagonal versteckt. Prägen Sie sich die gefundenen Wörter ein.

▶ Memo-Tipp 3A + 6

A	C	C	E	P	T	A		H	S		O		
P	O			E		W	K		T	J	O	B	W
P		F			E	E	N	I	A	R	T	C	O
R	Y	M	F			I		E	F	R	A	A	R
E	O			I		V	E	W	F		R	R	K
N	L	O		Y	C	R	S			L		E	N
T	P		N	U	N	E	M	P	L	O	Y	E	D
I	M	T	C	A	R	T	N	O	C	D		R	D
C	E			M		N	T	O		G	O	U	
E			N	O	I	S	S	E	F	O	R	P	

67. Ersetzen Sie die „Unbekannten" X, Y, Z, A und B jeweils mit dem passenden Wort.

X = _____   Y = _____

Z = _____   A = _____

B = _____

Verschnaufpause: Schreiben Sie sechs Mal die Ziffer 1 und fügen Sie ein Rechenzeichen dazwischen (immer dasselbe). Das Endergebnis muss 15 lauten.

_____ = 15

68. Welche Wörter haben Sie gefunden?

_____

_____

_____

_____

Überprüfen Sie Ihre Angaben mit der Lösung und kehren Sie dann wieder zu dem Buchstabengitter auf der vorangegangenen Seite zurück. Die nicht verwendeten Buchstaben bilden einen englischen Spruch, der mit Geld zu tun hat.

_____

69. Prägen Sie sich die Namen der britischen Premierminister unter Königin Elizabeth II. in der angegebenen chronologischen Reihenfolge ein.

▶ Memo-Tipp 3A

Eden	Macmillan	Douglas-Home	Wilson
Heath	Wilson	Callaghan	Thatcher
Major	Blair	Brown	Cameron

70. Prägen Sie sich die Schriftzüge ein.

▶ Memo-Tipp 3E + 4

organic waste

residual waste

glass

paper and card-board

plastic waste

69. **Aus Versehen haben wir den Namen des ersten Premier-
ministers vergessen. Wenn Sie die Ihnen bekannten Namen
hier unten aufschreiben, erhalten Sie – nacheinander gelesen –
seinen Vor- (graue Felder) und Nachnamen (blaue Felder).**

☐ ☐ ☐ N ☐ ☐ ☐ M ☐ ☐ L ☐ ☐

D ☐ ☐ ☐ ☐ A ☐ – ☐ ☐ ☐ E ☐ ☐ L ☐ ☐ ☐

H ☐ ☐ ☐ ☐ ☐ ☐ L ☐ ☐ ☐ ☐ A ☐ ☐ ☐ G ☐ ☐ ☐

☐ ☐ ☐ T C ☐ ☐ ☐ ☐ A ☐ ☐ ☐ ☐ L ☐ ☐ ☐

☐ R ☐ ☐ ☐ ☐ ☐ ☐ ☐ ☐ ☐ ☐ ☐

S I R ☐ ☐ ☐ ☐ S ☐ ☐ ☐ ☐ ☐ U R ☐ ☐ ☐ L L

70. **„Werfen" Sie die folgenden Gegenstände in den jeweils
passenden Müllcontainer.**

newspaper – washing-up-liquid bottle – used paper napkin –

book – bottle – apple peel – notepad – glass – eggshell –

coffee grounds – teabag – dirty plastic cutlery

_____   _____

*organic waste*_____   _____

_____   _____

_____   _____

_____   _____

71. Prägen Sie sich den Sinn der folgenden Sätze und deren Nummerierung ein.

▶ Memo‑ Tipp 4

When I was young ...   1. I didn't like reading.

2. I slept a lot.

3. I went to a lot of parties.

4. I liked children.

5. I had perfect hearing.

6. I was essentially unhappy.

7. I always went to the seaside.

8. I had a lot of dreams.

9. I hated school.

72. Konzentrieren Sie sich auf die Verben in den Vergangen‑ heitszeiten.

▶ Memo‑ Tipp 4

When I went into town yesterday I met my niece with her mother. Strangely enough, I've bumped into them 3 times this week already! Very unusual. My niece had a chocolate ice-cream in her hand. "Chocolate?" I asked. I've bought her a lot of ice-creams but she's always said she doesn't like chocolate. But now she was really enjoying it. Then, suddenly, she dropped it. I've never seen her cry so much! Poor child!

71. Nun ist alles anders. Schreiben Sie die den vorangegangenen Aussagen sinngemäß jeweils entsprechende Nummerierung neben die Sätze.

But nowadays... I can't sleep. _____

I'm slightly deaf. _____

I can't bear them any more. _____

I hate the noise and chaos. _____

I only like the mountains. _____

I remember it fondly. _____

I spend my life with newspapers, novels and poetry. _____

Is getting old a bad thing? No! I've fulfilled them all! _____

I'm really happy. _____

72. Tragen Sie die Verben der Erzählung ein.

simple past:

_____

present perfect:

_____

73. Betrachten Sie aufmerksam die Zeichnungen und die dazugehörigen Namen.

▶ Memo-Tipp 3E

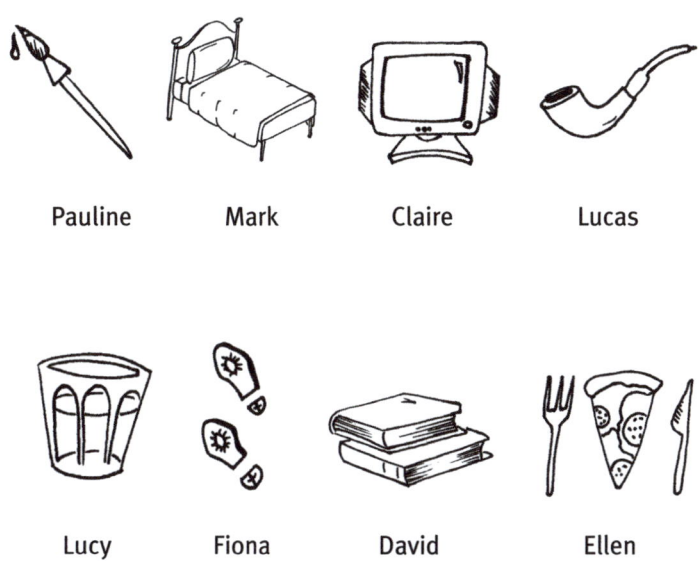

| Pauline | Mark | Claire | Lucas |

| Lucy | Fiona | David | Ellen |

▶ Memo-Tipp 3D

74. Prägen Sie sich den folgenden Satz ein.

I'm having a break. I'm walking around, I'm singing, I'm making

a phone call, I'm whistling, I'm stretching, I'm yawning,

I'm sucking a sweet, I'm doing press-ups, I'm relaxing.

73. Beantworten Sie die Fragen.

1. Who's sleeping? _____

2. Who's going for a walk? _____

3. Who's reading? _____

4. Who's smoking? _____

5. Who's eating? _____

6. Who's painting? _____

7. Who's drinking? _____

8. Who's watching television? _____

Verschnaufpause: Zeichnen Sie eine Blume, die zur logischen Reihenfolge der anderen Blumen passt.

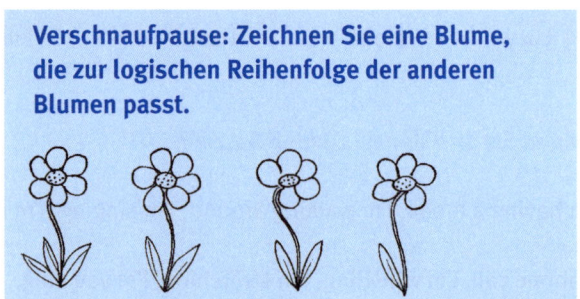

74. Stehen Sie nun auf und machen Sie wirklich eine Pause. Wiederholen Sie laut den Satz und machen Sie die Tätigkeiten nach. Und wenn Ihnen der Sinn noch nach anderen Pausenaktivitäten steht, machen Sie natürlich auch diese.

75. Merken Sie sich die folgenden Buchstaben. Helfen Sie sich dabei mit einer Eselsbrücke.

▶ Memo-
Tipp
6 + 7

OG   CO   PE   OR   OW   EE   IG   RA   EN

> **Verschnaufpause: Versuchen Sie den folgenden englischen Zungenbrecher laut und ohne zu „stolpern" zu lesen.**
>
> She sells sea shells by the sea shore.
> If she sells sea shells by the sea shore,
> where are the sea shells she sells?

76. Lesen Sie aufmerksam und prägen Sie sich die Details ein.

▶ Memo-
Tipp
3E + 4

1. I'm seven years old like Susie, my owner. My name's Snowy and I'm white. I'm very loving and I spend a lot of time with Susie. When I'm happy I miaow. I like lying on the sofa in the living room.

2. My name's Fido. I'm black. I'm four years old and I've got four paws. I live with my owner in his house which I guard carefully. At night I sleep outside in my kennel.

3. I'm Billy. I'm red and I live in a bowl full of water. I never speak. Everyone in the house likes me but I've got one enemy – Snowy.

75. Verwenden Sie die Buchstaben, um die folgenden Tiernamen zu vervollständigen.

⃞ w	h ⃞	d ⃞	w ⃞ m
cr ⃞	⃞ ck	sh ⃞ p	gi ⃞ ffe
⃞ nguin	h ⃞ se	g ⃞ illa	hedgeh ⃞
ch ⃞ tah	t ⃞ er	fr ⃞	sparr ⃞
⃞ bbit	b ⃞	p ⃞ eon	fal ⃞ n

76. Beantworten Sie die Fragen.

1. What are the animals in the "interviews" and what are their names?

   _____

2. Where do they live?

   _____

3. What colour are they? _____

4. Who's Susie and how old is she?

   _____

5. Two animals sleep in the same house. Which ones?

   _____

77. **Prägen Sie sich die folgenden Wörter ein, die keinen erkenn-
baren Zusammenhang aufweisen. Nutzen Sie dazu Ihre
Fantasie, indem Sie z. B. eine Geschichte ausdenken, die die
Wörter verbindet.**

▶ Memo-
Tipp 5

head	plate	box	fish
man	port	bed	sun

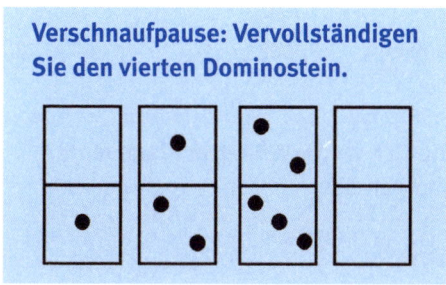

**Verschnaufpause: Vervollständigen
Sie den vierten Dominostein.**

78. **Prägen Sie sich die folgenden Wörter ein. Sie ergeben auch
ohne die Zusätze in Klammern einen Sinn. Die Wörter in den
Klammern erläutern jedoch den Verwendungskontext.**

▶ Memo-
Tipp 4

(emergency) lane   (road) accident

(accident) victim   (car) crash

(safety) belt   (risky) overtaking manoeuvre

(hazard) lights

77. Die Wörter der vorangegangenen Seite sind allesamt Teile zusammengesetzter Wörter. Versuchen Sie nun, die eingeprägten Wortteile mit den unten stehenden Wörtern zu verbinden (Mehrfachnennungen sind möglich).

_____room   air_____   _____go

_____hole   sword_____   _____ cream

letter_____   name_____   _____phones

_____flower   post_____

78. Erinnern Sie sich an die Wörter in Klammern? Vervollständigen Sie.

crash   _____

victim   _____

accident   _____

lights   _____

belt   _____

lane   _____

overtaking manoeuvre   _____

79. Betrachten Sie die folgenden Gegenstände, sprechen Sie deren Bezeichnungen mehrmals laut und prägen Sie sich die Wörter ein.

▶ Memo-Tipp 3E

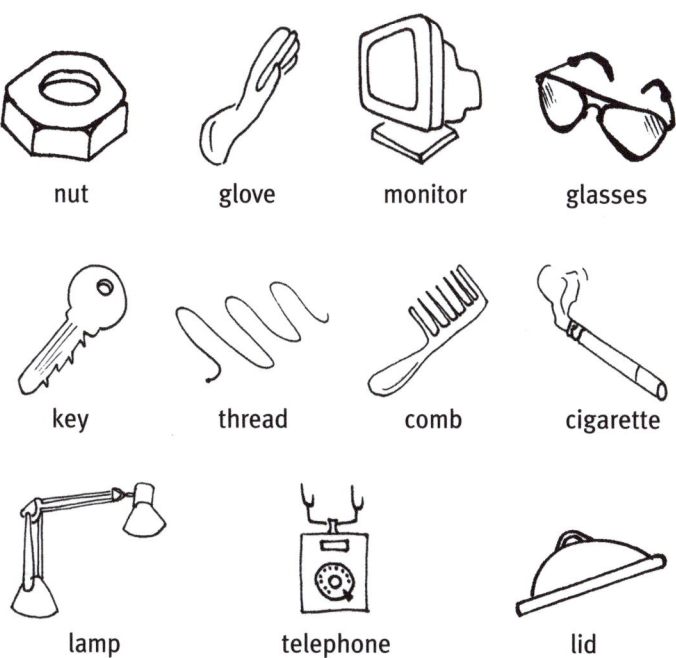

nut	glove	monitor	glasses

| key | thread | comb | cigarette |

| lamp | telephone | lid |

80. Prägen Sie sich die folgende Liste mit Haushaltsgegenständen ein.

▶ Memo-Tipp 3A + 3E

hammer	juicer	broom
needle	scissors	freezer
CD-player	cooker	duster
	slicer	

79. **Die Gegenstände auf der vorangegangenen Seite lassen sich nicht ohne die folgenden Dinge verwenden. Finden Sie die entsprechenden Gegenstandspaare mit Hilfe der angegebenen Wörter. Schreiben Sie unter die jeweilige Zeichnung das entsprechende Begriffspaar.**

computer • bulb • nose • saucepan • needle • screw • keyhole • match • hair • receiver • hand

___	___	*nut*	___	___	___
+	+	+	+	+	+
___	___	*screw*	___	___	___

___	___	___	___	___
+	+	+	+	+
___	___	___	___	___

80. **Was ist heute alles zu tun und mit welchen Gegenständen?**

1. eat salami: _____
2. freeze food: _____
3. cut material: _____
4. sew: _____
5. dust: _____
6. drink lemonade: _____
7. drive a nail: _____
8. listen to music: _____
9. cook: _____
10. sweep: _____

81. Eine geheimnisvolle Schatzkarte erwartet Sie auf der folgenden Seite. Statt aus Buchstaben besteht der Text nur aus Zahlen (jede Zahl entspricht einem Buchstaben). Entschlüsselt wurden bisher lediglich 8 Buchstaben. Prägen Sie sich diese zusammen mit der entsprechenden Ziffer ein.

▶ Memo-Tipp 3F + 6

1 = W   2 = F   3 = N   4 = D   5 = T

6 = R   7 = E   8 = S   9 = K

> Verschnaufpause: Das „magische Quadrat" heißt so, weil die Summe aller waagrechten, senkrechten und diagonalen Zahlen immer identisch ist. Vervollständigen Sie es.

6		8
	5	
2		4

82. Prägen Sie sich die folgenden Wörter ein. Die Reihenfolge ist wichtig.

▶ Memo-Tipp 3A

1. December   2. greetings   3. joy

4. decorations   5. wreath   6. presents

81. Entschlüsseln Sie mit Hilfe der Kenntnisse von der vorangegangenen Seite nun den restlichen Text.

4 10 – 11 10 12 – 1 13 3 5 – 5 10 – 2 14 3 4 –

5 15 7 – 5 6 7 13 8 12 6 7? 5 13 9 7 –

7 14 16 15 5 – 8 5 7 17 8 – 5 10 –

5 15 7 – 3 10 6 5 15 – 8 5 13 6 5 14 3 16 –

2 6 10 18 – 5 15 7 – 8 9 12 19 19 –

8 15 13 17 7 4 – 6 10 20 9.

5 13 9 7 – 13 3 10 5 15 7 6 – 5 15 14 6 5 11

– 8 5 7 17 8 – 5 10 – 5 15 7 – 7 13 8 5 –

13 3 4 – 4 14 16 – 13 – 15 10 19 7.

14 3 – 5 15 7 – 16 6 10 12 3 4 – 11 10 12 –

1 14 19 19 – 2 14 3 4 – 13 – 20 15 7 8 5 –

2 12 19 19 – 10 2 – 16 10 19 4 – 20 10 14 3 8.

82. Notieren Sie nun folgende Buchstaben („W" + Zahl bezeichnet das jeweilige Wort, „B" + Zahl den entsprechenden Buchstaben des Wortes).

W1 W1 W2 W4 W3   W4 W5 W5 W2 W6 W5 W1 W4 W6

◯ ◯ ◯ ◯ ◯   ◯ ◯ ◯ ◯ ◯ ◯ ◯ ◯ ◯

B5 B4 B2 B5 B3   B3 B6 B2 B6 B4 B5 B5 B6 B8

**83. Prägen Sie sich die Sätze ein. Es handelt sich um Zukunfts-
überlegungen „unserer Vorfahren".**

▶ Memo-
Tipp
3E + 4

Who knows if our children's children...

1. ... will still use fire for heating.

2. ... will still travel on foot.

3. ... will still sleep in caves.

4. ... will still fight with clubs.

5. ... will still wear animal skins.

6. ... will still hunt to eat.

**84. Lesen Sie die Sätze laut vor. Wiederholen Sie sie dann mit
geschlossenen Augen „rückwärts" nach dem unten angegebenen Schema. Prägen Sie sich dabei auch die Reihenfolge
der Sätze ein.**

▶ Memo-
Tipp 4

Beispiel:
Tomorrow I' ll go to the seaside.
Seaside – to the seaside – I' ll go to the seaside – Tomorrow
I' ll go to the seaside.

1. I'll be late as usual.

2. Will you stay in the office late tomorrow?

3. This evening he'll tell me what he plans to do.

4. I don't think we'll invite them for Easter.

5. I always wonder whether you'll pass the exam.

6. I invited them yesterday. Will they come?

83. Auf welche Sätze beziehen sich die Zeichnungen? Schreiben Sie die entsprechenden Sätze wie im Beispiel neben die passenden Zeichnungen.

Will they travel on foot? _____

_____

_____

_____

_____

_____

84. An welcher Stelle im Satz steht das Verb im Futur? Notieren Sie Position und Verb wie im Beispiel.

1. *zweites und drittes Wort (will be)* _____

2. _____

3. _____

4. _____

5. _____

6. _____

85. Prägen Sie sich die folgenden vier Wörter ein. ▶ Memo-Tipp 6

1. FOOD　　2. ANIMALS　3. PEOPLE　4. VERBS

Verschnaufpause:
Drehen Sie den Stuhl
um 90 Grad, indem
Sie lediglich zwei
der Streichhölzer
verschieben.

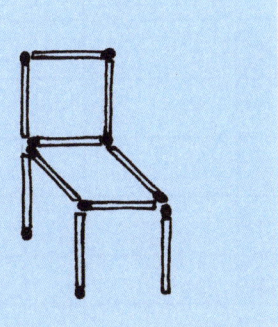

86. Ergänzen Sie die Sprichwörter (Tipp: sie reimen sich!) und prägen Sie sie sich zusammen mit der dazugehörigen Nummer ein. Überprüfen Sie Ihre Ergänzungen dann mit den Lösungen. ▶ Memo-Tipp 3C + 4

1. An apple a day keeps the doctor ☐☐☐☐.

2. Red sky at night, shepherds' delight; red sky in the ☐☐☐☐☐☐☐, shepherds' warning.

3. Finders keepers, losers ☐☐☐☐☐☐☐.

4. Birds of a feather flock ☐☐☐☐☐☐☐☐.

5. When the cat's away the mice will ☐☐☐☐.

6. Early to bed and early to ☐☐☐☐ makes a man healthy, wealthy and wise.

85. Finden Sie für jeden der folgenden Anfangsbuchstaben ein Wort, das zu den vier Themenbereichen der vorangegangenen Seite passt.

	1. _____	2. _____	3. _____	4. _____
G				
B				
M				
C				
S				

86. Zu welchen Sprichwörtern gehören die folgenden Erklärungen?

☐ = a. If you find something you can keep it.

☐ = b. Sleeping well and getting up early will help you physically and financially.

☐ = c. Eating healthy food keeps you healthy.

☐ = d. People misbehave when they are not controlled.

☐ = e. Red sky in the evening means good weather the next day. Red sky in the morning means bad weather.

☐ = f. People with similar interests stay together.

87. Merke Sie sich die folgenden Fragen und ihre Reihenfolge. Überlegen Sie sich auch mögliche Antworten auf die Fragen.

▶ Memo-Tipp 3E + 5

1. What can you wear? _____

2. What can collapse? _____

3. What can you spread? _____

4. What can you read? _____

5. What can you drive? _____

88. Prägen Sie sich die folgenden Definitionen in der angegebenen Reihenfolge ein.

▶ Memo-Tipp 4

1. It's smaller than a ship.

2. I wear it in winter.

3. It's a synonym of price.

4. If I can't find it then it's...

5. It's the opposite of least.

6. It's similar to fog.

87. Kreuzen Sie die jeweils richtige Antwort an.

1. ... but isn't in your wardrobe?
   - ☐ shoes.
   - ☐ a jacket.
   - ☐ a T-shirt.
   - ☐ a beard.

2. ... in a crisis?
   - ☐ the economy.
   - ☐ a bridge.
   - ☐ a building.
   - ☐ a house of cards.

3. ... on your bread?
   - ☐ butter.
   - ☐ an illness.
   - ☐ a rumour.
   - ☐ the word.

4. ... without print?
   - ☐ a newspaper.
   - ☐ a book.
   - ☐ a letter.
   - ☐ lips.

5. ... but without moving?
   - ☐ a car.
   - ☐ a train.
   - ☐ a lorry.
   - ☐ someone mad.

88. Bei einem Metagramm verwandelt sich durch Veränderung eines Buchstabens ein Wort in ein anderes (z. B. Maus, Laus, Laut, ...). Versuchen Sie mit Hilfe der Definitionen, Wörter zu finden, die das folgende Metagramm lösen.

1. _boat_ → 2. _____ → 3. _____ →

4. _____ → 5. _____ → 6. _mist_

**89. Merken Sie sich die Verbindungen aus Farbe und Satz.
Denken Sie dabei an Ihre fünf Sinne!**

▶ Memo-Tipp 3E + 3G

black → It's beautiful!   yellow → What a lovely perfume!

green → This cake is   white → Can't you hear?
delicious!

blue → This material is
so soft!

**90. Lesen Sie sich die folgenden Sätze aufmerksam durch und
prägen Sie sie sich ein. Die Sätze beinhalten alle eine besondere Schwierigkeit für Lerner mit deutscher Muttersprache.
Versuchen Sie herauszubekommen, von welcher Schwierigkeit
die Rede ist.**

▶ Memo-Tipp 8

1. Put this map of the building in your folder.

2. He took a short cut down an alley to reach the avenue.

3. My boss hired a famous chef for the office Christmas party.

4. I found this wallet on the floor in the corridor.

5. Tell me your opinion on the meaning of life.

6. The critic wrote a good review of the film.

89. Welche „Farbe" haben die folgenden Sätze?

1. _____ → That's the bell. Can you open the door?

2. _____ → Where is that burnt smell coming from?

3. _____ → Oh wow, this is hot!

4. _____ → Did you forget the salt? This is tasteless!

5. _____ → What a lovely day!

6. _____ → The leather is too rough.

7. _____ → The telephone's always engaged!

90. Haben Sie bemerkt, dass in jedem Satz ein „falscher Freund" zusammen mit seiner richtigen Übersetzung versteckt war? Schreiben Sie alle falschen Freunde wie im Beispiel angegeben auf.

map = _Karte_ → _folder_ = _Mappe_

_____ = _____ → _____ = _____

_____ = _____ → _____ = _____

_____ = _____ → _____ = _____

_____ = _____ → _____ = _____

_____ = _____ → _____ = _____

91. Merken Sie sich die folgenden Wörter.

▶ Memo-
Tipp
3E + 6

swing	march
dealer	cause
listen	nameless
insect	oceans
fringe	vowels

> **Verschnaufpause: Stellen Sie sich vor, Sie haben ein Seil
> von 26 Metern Länge und schneiden davon jeden Tag zwei
> Meter ab. Nach wie vielen Tagen sind Sie damit fertig?**
>
> Nach _____ Tagen.

**92. Vervollständigen Sie die folgenden Verben mit einem Ihnen
geläufigen, passenden direkten Objekt. Prägen Sie sich die
Verben dann ein.**

▶ Memo-
Tipp 4

charge _____	dress _____
promote _____	spend _____
take _____	miss _____
save _____	draw _____

91. Die folgenden Wörter sind Anagramme derjenigen Wörter, die Sie sich gerade eingeprägt haben. D. h. die Buchstaben wurden innerhalb eines Wortes so umgestellt, dass ein neues Wort entsteht. Schreiben Sie neben jedes Anagramm das entsprechende ‚ursprüngliche' Wort aus der Liste der vorangegangenen Seite.

wolves   →   *vowels*   nicest   →   _____

leader   →   _____   finger   →   _____

sauce   →   _____   charm   →   _____

salesman →   _____   silent   →   _____

wings   →   _____   canoes   →   _____

92. Ergänzen Sie die folgenden direkten Objekte mit den Verben der vorangegangenen Seite. Achtung: Die Bedeutung der Verben kann sich im Vergleich zu den Ausdrücken, die Sie gebildet haben, verändern.

_____ my parents   _____ time

_____ the curtains   _____ a photo

_____ an employee   _____ a high price

_____ a salad   _____ a person in
                                                     danger

Das Lesen bzw. Leseverstehen ist eine Fähigkeit, die sich durch spezifische Übungen verbessern lässt. Im Folgenden stellen wir Ihnen ein paar Möglichkeiten vor.

1. Schneller lesen

Um in einem Text gezielt die Informationen zu entdecken, die Sie interessieren und dabei die unwichtigen Stellen zu vernachlässigen, muss man in der Lage sein, schnell zu lesen. Testen Sie sich: Nehmen Sie eine Stoppuhr (womöglich hat Ihr Mobiltelefon eine entsprechende Funktion), ein Buch oder eine Zeitung in Ihrer Muttersprache und überprüfen Sie, wie viele Wörter Sie innerhalb einer Minute lesen können (Artikel oder Konjunktionen zählen dabei nicht als eigenständige Wörter).

Wenn Sie mehr als 300 Wörter geschafft haben, sind Sie bereits ein sehr schneller Leser. Wenn Sie darunter liegen, sollten Sie nach und nach versuchen, die Geschwindigkeit beim Lesen zu erhöhen. Übung macht den Meister: Denn je mehr Sie lesen, desto schneller lesen Sie. Außerdem gewöhnt sich das Gehirn innerhalb kurzer Zeit an das schnellere Tempo beim Lesen. Es ist bei einem schnellen Lesetempo insgesamt sogar leistungsfähiger!

2. Texte „überfliegen"

Wenn man einen Text „überfliegt" – oder „quer" liest – verschafft man sich einen ersten Überblick. Die Beherrschung dieser Technik ist wichtig für die Beurteilung, ob es sich lohnt, einen Text genauer – also Wort für Wort – zu lesen oder nicht. Dazu muss man sich darüber bewusst sein, welche Informationen man in einem Text finden möchte (Namen, Begriffe etc.). Beim Überfliegen des Textes müssen Sie dann auf Wörter, die mit dem Gesuchten in Verbindung stehen, Acht geben (und diese eventuell unterstreichen). Anhand der (Menge der) Signalwörter können Sie dann entscheiden, ob der Text für Ihre Zwecke geeignet ist (selektives Leseverstehen). Viele Texte müssen also nicht bis ins Detail gelesen werden. Auch um in einem Text die groben Zusammenhänge wiedergeben zu können, reicht es, ihn zu „überfliegen". Dabei sucht man Antworten auf die sogenannten W-Fragen: Wer? Was? Wann? Wo? Wie? Warum? etc. Wenn Sie einen Text vor dem Hintergrund dieser Leitfragen „überfliegen", erkennen Sie schnell den Gesamtzusammenhang (globales Leseverstehen).

3. Blickfeld erweitern

Die Erweiterung des Blickfelds erlaubt es, die Lesemenge mit einem Blick zu erweitern, also längere Wörter oder ganze Sätze schneller zu erfassen. Je stärker das Blickfeld eingeschränkt ist, desto eingeschränkter arbeitet das Gehirn. Fordern Sie Ihr Gehirn also, indem Sie Ihr Blickfeld und damit die zu verarbeitende Datenmenge erweitern. Testen Sie sich, indem Sie – ohne die Augen zu bewegen – versuchen, so viele Wörter wie möglich zu erfassen.

4. Inhalte „erraten"

Kontextgebundenes „Erraten" von Buchstaben und Silben erleichtert und beschleunigt den Leseprozess. Bei geläufigen Wörtern werden dabei z. B. nicht alle Silben bewusst gelesen, sondern passend im Gehirn ergänzt, sodass das Wort vor dem jeweiligen Texthintergrund Sinn ergibt.

5. Vermutungen anstellen

Stellen Sie im Vorfeld Vermutungen über den möglichen Inhalt eines Textes an (z. B. anhand seiner Überschrift). Hilfreich sind auch hier die W-Fragen. Dieser Schritt wird Ihnen das Textverständnis erleichtern und Ihnen außerdem helfen, den Inhalt besser im Gedächtnis zu behalten.

Es spielt letztlich auch keine Rolle, ob Ihre Vermutungen zutreffen. Denn die Auseinandersetzung mit Vermutungen vor dem Lesen gewährleistet während des Lesens eine aktivere und effektivere Aufnahme der Inhalte und sorgt außerdem für Bestätigungen oder Überraschungen.

6. Details erfassen

Wenn man in einem Text Einzelheiten verstehen möchte, spricht man vom detaillierten oder analytischen Lesen. Man liest Wort für Wort, Zeile für Zeile, Absatz für Absatz. Um alles zu erfassen und zu verstehen, muss man den Vorgang evtl. auch wiederholen. Um sich die Inhalte dann auch zu merken, können Sie natürlich wieder auf die Ihnen aus den vorangegangenen Übungen bereits bekannten Memo-Tipps zurückgreifen.

Die folgenden Übungen greifen die hier dargestellten Lesestrategien wieder auf. Die Verweis ▶ L + Ziffer führt Sie zu der jeweils für eine Aufgabe anwendbaren Lesestrategie. Die übrigen Angaben beziehen sich auf die zu Beginn des Buchs dargestellten Memo-Tipps.

93. **Lesen Sie den folgenden Text lautlos und stoppen Sie die Zeit, die Sie dafür benötigen. Lesen Sie den Text insgesamt drei Mal und stoppen Sie jedes Mal die Zeit. Haben Sie sich verbessert? Um wie viele Sekunden?** ▶ L1

Coffee is probably the most well-known drink in the world. The name is similar almost everywhere except in Ethiopia, where coffee originally comes from, where it's called bunna. Yes, coffee was born in Ethiopia in an area called Kaffa, where the first plants were discovered. It wasn't drunk for many centuries; the beans were eaten whole or crushed with hot butter, which is still customary today in some remote parts of the area. One of the many legends about the discovery of coffee is the one about the shepherd from Kaffa, who was very lazy and whose sheep were always half asleep. But one day the animals were full of energy after eating the berries of a certain plant. So the shepherd tried the berries, too, and found them very stimulating. A monk noticed how bright the shepherd was and tried the berries for himself. He then noticed he was more alert and attentive at evening prayers. So the monk passed the secret of coffee on and it spread, first throughout Ethiopia and then all over the world.

94. Erkennen Sie so schnell wie möglich das Wort, das nicht in die jeweilige Reihenfolge passt.

▶ L2

1. bear pear wear near

2. meat neat sweat heat

3. cow low now how

4. blood wood look foot

5. laid maid said paid

95. **Lesen Sie die Wörter, indem Sie immer das kleine Quadrat im Auge behalten.** ▶ L3

▪	▪
tea	son
▪	▪
tree	song
▪	▪
train	sorry
▪	▪
travel	spring
▪	▪
trainer	Spanish
▪	▪
trousers	specially
▪	▪
transparent	strawberry

96. **Lesen Sie Zeile für Zeile, aber fixieren Sie mit Ihrem Blick dabei die Mitte des Textes.** ▶ L3

be

bad

bald

black

bakery

because

beautiful

bathroom

97. Lesen Sie die folgenden englischen Wörter laut.
Sie sind Ihnen im Laufe der vorangegangenen Übungen
▶ L4   **bereits begegnet.**

l•mp   tr•v•l   s•mmer

tr•ns•ar•nt   d•sc•ver   g•and•ot•er

N•v•mb•r   let••r   p•rf•me

•umb•r   y•ll•w   t•l•visi•n

•ve•ing   b••r•ing p•ss   tel•ph•n• c••l

•pp•y •or a •ob

98. Lesen Sie laut den folgenden Zeitungsbericht und ergänzen
▶ L4   **Sie dabei möglichst flüssig die fehlenden Vokale.**

Girl tries to sell grandmother on eBay

A t•n‑y••r‑•ld g•rl tr••d t• s•ll h•r gr•ndm•th•r
on eBay b•c••se sh• c••ldn't st•nd h•r •ny
m•r•. Th• g•rl d•scr•b•d h•r gr•ndm•th•r •n
th• w•ll‑kn•wn a•cti•n s•t• as s•me•n• wh•
c•nst•ntly c•mpl••ns b•t •s v•ry •ff•ction•t•.
Th• g•rl d•d n•t s•t a min•m•m b•d b•t b•f•r•
eBay d•l•t•d th• •t•m 27 b•ds w•r• r•c••v•d.

99. Lesen Sie den folgenden Text laut vor. Ergänzen Sie die fehlenden Informationen beim Lesen. ▶ L4

300g piranha caught

A fully-grown 300g piranha has been caught, much to
the surprise of the angler, who took his catch home
It may have been thrown into the river by someone after
emptying their aquarium at home

100. Suchen und unterstreichen Sie im Text die Wörter, die Sie dem Bereich „Kriminalität" zuordnen (auch wenn Sie die genauen Wortbedeutungen nicht kennen). ▶ L2

Cat kidnapped and held to ransom.
7 people arrested.

They kidnapped a cat and held it to ransom but were
reported by its owner. 7 people considered responsible for
the „kidnapping" have been arrested. The owner of the
cat received an anonymous phone call saying her cat had
been kidnapped, and demanding a ransom of 20 Euros.
The woman agreed to pay but before leaving to hand over
the money she called the police. The kidnappers, 4 women
and 3 men, were arrested and accused of extortion.

Lesen Sie den Text erneut, diesmal mit dem Augenmerk
auf die einfache Vergangenheit.

101. **Interessieren Sie sich für Sport (a), Gerichtsberichte (b), Medizin (c), Wirtschaft (d), Nachrichten aus aller Welt (e) und von Stars und Sternchen (f)? Welche der folgenden Artikel würden Sie lesen?**

▶ L2 + L5

1. Primary school essay by McCartney found. _f_
2. Kidnapping victim makes call from car boot. ____
3. Downturn in European and Asian stockmarkets. ____
4. Driver stops bus and goes for dinner. ____
5. High expectations, no goals. ____
6. British discover key gene in brain tumours. ____

102. **Lesen Sie den Artikel vor dem Hintergrund der folgenden Fragen.**

▶ L2

1. Who is the main character in the story?

2. What happened?

Honest pensioner

A 70 year-old pensioner found and returned a lottery ticket worth over £15,000. The elderly man had gone for a walk and found a wallet containing the lottery ticket, a couple of photographs and a receipt for a pre-paid mobile-phone card. Thanks to the phone number on the receipt the man was able to return the wallet to its owner, a 36 year-old construction worker.

103. Lesen Sie die folgende Schlagzeile und stellen Sie eine kurze Vermutung über den Inhalt des dazugehörigen Zeitungsartikels an. Die W-Fragen können Ihnen dabei als Leitfragen behilflich sein. Blättern Sie dann um.

▶ L5

Thieves call 999[1] and ask for help

[1] Notrufnummer in Großbritannien

104. Lesen Sie den folgenden Artikel und prägen Sie sich die darin genannten Detailangaben (Maße, Kosten, etc.) ein. Versuchen Sie dann, die Aufgabe auf der folgenden Seite zu lösen.

▶ L6 +
Memo-
Tipp
4 + 8

NEW YORK – NARROWEST HOUSE FOR SALE

New York's narrowest house is for sale at a none too modest price – 2.75 million dollars. The house is in Greenwich Village and is less than 3 metres wide, has 3 floors and is 140 sq.m. in total. Built in 1873, it has housed celebrities such as the anthropologist Margaret Mead, the poet Edna St. Vincent Millay, Cary Grant and John Barrymore.

103. Treffen Ihre Vermutungen zu? Lesen Sie den zur Schlagzeile gehörigen Zeitungsartikel.

A car-dealership owner caught two men attempting to steal petrol and gave chase. The thieves called 999 and asked for help. They had broken in but were discovered by the owner who attacked them with sticks and chased them onto the roof. The thieves had no choice but to ask the police to come and arrest them for fear of being beaten up by the owner. The police arrived and took the men into custody soon after.

104. Ergänzen Sie die fehlenden Informationen (Zahlen und Namen).

The narrowest house in New York is for sale for

_____ . The house is less than _____

metres wide, has _____ floors and is _____ square metres

in total.

It was built in _____ . It has housed celebrities such as

_____ , _____ ,

_____ and _____ .

105. Lernen Sie den Text auswendig.

▶ L6 +
Memo-
Tipp
3E + 4

Why is the sky blue?

The earth's atmosphere is a layer of gas around the earth which protects it from the sun's rays and lets only one of the seven colours which make up sunlight through – blue.

> **Verschnaufpause:** Ein Kalenderblatt zeigt den 1. April an. Wie viele Blätter müssen Sie abreißen, bis Sie zu einem Datum mit der Angabe 31. gelangen?
>
> _____

106. Prägen Sie sich den Text ein.

▶ L6 +
Memo-
Tipp
3E + 4

Parrot speaks like a child

His name is Cocorito, he is seven years old and is a grey parrot that lives in the USA. He is the first bird in the world able to speak as well as a child. He knows 950 words and can pronounce them in perfect English.

105. Beantworten Sie die folgenden Fragen.

1. Are there any questions in the text or the title?

   _____

2. How many words are there in the text and the title?

   _____

3. How many articles are there? _____

4. How many numbers are there? _____

5. How many "'s" are there? Do they have the same meaning?

   _____

106. Lesen Sie den Text erneut, unterstreichen Sie die Wörter, die verändert wurden und ersetzen Sie sie mit den ursprünglichen Wörtern.

He's called Cocorito, he is seven years of age and is a grey parrot that lives in America. He is the first parrot in the world able to speak like a child. He knows 950 words and can pronounce them in perfect English.

107. **Lernen Sie die Sätze samt Nummerierung auswendig.**

▶ L6 +
Memo-
Tipp 4

1. A new-born baby is already in the Guiness Book of Records.

2. James Doyle, born in a hospital in Los Angeles, holds a world record.

3. The baby has the highest number of living ancestors – 13: grandparents, great-grandparents and great-great-grand-parents.

108. **Lesen Sie den Artikel. Prägen Sie sich die Ihrer Ansicht nach fehlenden Wörter ein.**

▶ L6 +
Memo-
Tipp 4

Police car fined for speeding

The detectives were driving at 111 kph on a

_____ with a _____ of 110 kph.

They were _____ for _____ by their

colleagues from the traffic department although

they only exceeded the limit by one kilometre per

hour. The _____ were on their way to

answer an _____ but their flashing

blue light was not taken into account.

107. In welchen der drei Sätze finden sich ...

1. names of relatives?   *In the third sentence.*

2. the child's name?   _____

3. a number?   _____

4. the name of a city?   _____

5. another name?   _____

6. a superlative?   _____

7. adjectives?   _____

Verschnaufpause: Lösen Sie die „Gleichung".

◐ : ◑ = ▬ : X

---

108. Bringen Sie die folgenden fehlenden Wörter aus dem Text auf der vorangegangenen Seite in die richtige Reihenfolge. Fügen Sie sie dann auch in den Text ein.

_____	fined	_____	emergency call
___1___	road	_____	detectives
_____	speeding	_____	speed limit

109. Die folgenden Schlagzeilen sind nicht eindeutig einem Thema zuzuordnen. Stellen Sie auf Englisch Vermutungen über mögliche Inhalte an. Prägen Sie sich dann die Sätze mit der dazugehörigen Nummerierung ein.

▶ L5 + Memo-Tipp 4

1. # Work made me fat!

2. # Cambridge is best.

3. # Thank God we didn't win!

4. # <u>Odyssey of a green suitcase.</u>

110. Lesen Sie überblicksartig den folgenden Artikel.

▶ L2

One-way regulation for pedestrians in Venice

The city council of Venice has approved a one-way regulation for pedestrians during the carnival celebrations from 7th to 24th February. Failure to respect this regulation will result in fines of between 25 and 500 Euros.

109. **Welchen Schlagzeilen entsprechen die folgenden Untertitel?**

_____ "I went from 60 to 130 kilos." The hard life of a restaurant critic.

_____ "My holidays were ruined." Woman's suitcase containing all her holiday clothes lost.

_____ **Lottery winners' investment (and other!) problems.**

_____ University voted best in England.

110. **Beantworten Sie die Fragen.**

1. Where did it happen?

_____

2. What celebrations are affected by the regulation?

_____

3. How high are the fines?

_____

4. How long is the carnival?

_____

111. **Prägen Sie sich die folgenden Wörter mitsamt ihrer Nummerierung ein.**

▶ Memo-
Tipp 5

1. book

2. memory

3. fill in

4. able

5. good bye

6. if

7. sentence

8. both

9. very

10. be

111. **Vervollständigen Sie den Text, indem Sie die den Ziffern entsprechenden Wörter eintragen.**

(6) _____ you are (4) _____ to

(3) _____ this (7) _____ , then your

(2) _____ works (9) _____ well and

this (1) _____ may have helped you. We can

(8) _____ (10) _____ happy.

(5) _____ !

2. two, four, seven, nine, ten, twelve, thirteen, fourteen, fifteen, eighteen, nineteen, twenty

3. Claudia and Eva are Austrian. Felipe is Spanish. Clara is Italian. Bernadette is Swiss. Peter is Dutch. Hans and Klaus are German.

4. January, March, May, July, August, October, December

5. <u>food:</u> pasta, chicken, salmon, sausage, soup
<u>jobs:</u> factory worker, salesman, teacher, doctor, engineer

6. 1. It's a quarter to four / three forty-five. 2. It's midday / twelve o'clock. / It's midnight. 3. It's a quarter past six / six fifteen.
4. It's half past three / three thirty. 5. It's twenty to six. / It's five forty.
6. It's one (o'clock).
Abgebildet sind: It's midday / twelve o'clock. It's midnight.
It's a quarter to four.

7. Martin, England / Birmingham, Birmingham / England; architecture, office, father's

Verschnaufpause: Es sind mehr als 10 Dreiecke.

8. surname, date of issue, date of birth, first name, place of birth, date of expiry / Lösung: **nationality**

9. 2,562 / 15,827 / 128,426 / 327,814 / 1,905,366 / 20,000,008

10. 1. hamburger, yoghurt, tomato, strawberry, egg, carrot; 2. bread, fruit, milk, ham, butter, pasta

11. <u>nice smells:</u> plate of pasta, cup of coffee, cake, flower; <u>bad smells:</u> dustbin, rotten fish, skunk, sweaty feet

13. a napkin, a knife, a bottle

14. 1. (+ 3) = 15 – 18; 2. (- 2) = 13 – 11; 3. (x 2) = 32 – 64;
4. (x 2 + 1) = 95 – 191

15. tomato, garlic

16. 1. true, 2. false, 3. false, 4. false

17. <u>Active person:</u> go for a walk / to the mountains / swimming /skiing / dancing, play tennis / football, ride a bike, do sports; <u>Passive person:</u> watch television, play cards / computer games, stay at home, listen to music

Verschnaufpause: Um 20 Vokabeln zu lernen braucht man genauso viel Zeit wie für das Doppelte der Hälfte von 20 Vokabeln, da es sich beide Male um 20 Vokabeln handelt.

18. activity, sport, hate, cinema, theatre, leisure

19. city-pretty, thought-bought, meat-feet, tear-beer, remember-November, wet-sweat, inviting-exciting

Verschnaufpause: 19 (die Zahlen folgen dem Schema + 3 – 1)

20. 1. wine, mineral water, beer; 2. chicken, pork, veal; 3. 19 (3 of wine, 4 of water, 12 of beer); 4. paper cups, paper napkins

21. Aussprache (phonetische Umschrift): a [äi], b [bi], c [si], d [di], e [i], f [eff], g [dschi], h [äitsch], i [ai], j [dschäi], k [käi], l [ell], m [emm], n [enn], o [ou], p [pi], q [kju], r [ar], s [ess], t [ti], u [ju], v [wie], w [dabel-ju], x [ex], y [uai], z [sett]

Verschnaufpause: Es fehlt der Buchstabe O. Die Buchstaben sind die Anfangsbuchstaben der englischen Zahlen von 10 bis 1 (ten – nine – eight – seven – six – five – four – three – two – one).

25. 1. Who's sleeping? 2. Where are you going? 3. When are you arriving? 4. Why aren't you coming? 5. What do you do?

Verschnaufpause: F (6. Buchstabe des engl. Alphabets) + N (14. Buchstabe des engl. Alphabets) = 20

26. 1. see swallows and plant flowers; 2. eat ice-cream and sunbathe; 3. harvest grapes and eat chestnuts; 4. wear a coat and go skiing

27. 2. Greenwich 3. Tower Hill 4. Baker Street 5. Kew Gardens 6. Preston Road

Verschnaufpause: Man benötigt vier Farben (gelb, rot, grün, blau). Der englische Briefkasten ist rot. Auch wenn die Farbe Weiß vorkommt, werden Sie sie sicherlich nicht für eine Zeichnung verwenden.

28. (to) drive, (to) eat, (to) get, (to) buy, (to) speak, (to) sing, (to) take, (to) break. Es handelt sich um unregelmäßige Verben.

29. 1. You can find books in a library. 2. It closes at four. 3. You can find chairs even on the stairs. 4. Writing that rhymes is called poetry. 5. He serves cake and tea.

30. logical – colossal, helicopter – liberal, lethargic – telephone, general – surgery, physical – geography

32.

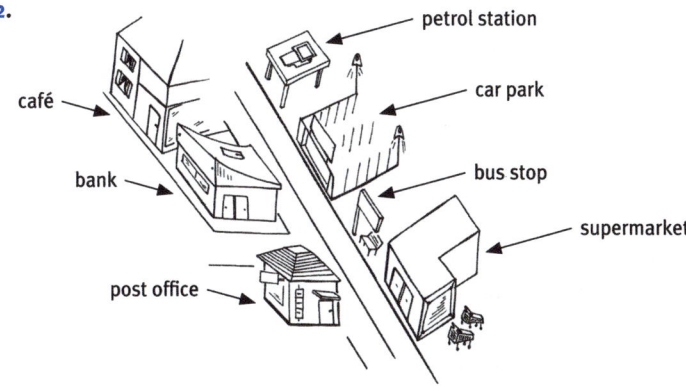

café
bank
post office
petrol station
car park
bus stop
supermarket

33. thin, pale, mouth, slim, stocky, old

34. Both wear glasses and have dark eyes and eyebrows. The father is bald, he has a beard and a moustache and he is shorter than his son. The son has hair, he doesn't have a beard or a moustache and he is taller than his father.

35. shoulder 6, arm 3, finger 2, leg 7, foot 4, ear 5, head 1

36. nose, face, hair, legs, eyes, lips
(eyes) blue, (legs) slim, (face) oval, (lips) rosebud, (hair) greying, (nose) lumpy

37. 1. hands; 2. heart; 3. eyes; 4. nose; 5. foot
1. To pay through the nose for something. 2. To put your foot in it.
3. To pull the wool over someone's eyes. 4. To be in good hands.
5. To take something to heart.

41. to talk about news without a specific time (sentences 5 + 7); to talk about the time until now (sentences 1 + 3); refers to a finished time (sentences 4 + 6 + 8) or a closed possibility (sentence 2)

Verschnaufpause: Yes, February, November and December are the only months which have 8 letters.

42. travel → velcro → crocus → custom → tomboy → boyfriend → friendship → shipment → mental → talisman → mankind → kindness

43. It's David's birthday on 20th January; Janet's on 21st February; Linda's on 28th July; Simon's on 12th August; Katie's on 30th September; Lucy's on 24th October; Sandra's on 14th November; Philip's on 22nd December.

Verschnaufpause: 9876

44. sight: watch, observe, see / transparent, light, green; hearing: listen / deafening; taste: taste / bitter, sweet, flavourless, smooth; touch: caress, stroke, touch, feel / rough, warm, soft, smooth; smell: sniff / sweet, fetid.
Die Adjektive *sweet* und *smooth* kommen zweimal vor.

45. 1. four: shoes, tie, skirt, gloves; 2. belt; 3. chestnut; 4. sweater / terrace; 5. yes

46. bottle = 3.; door = 1.; drawer = 4.; book = 5.; glass = 2.

47. 1. false; 2. true; 3. false; 4. true; 5. true; 6. true; 7. false; 8. false

48. Es gibt keine Veränderungen. / Zu Hause. (At home.)

49. 1. Jamie, 2. Patsy, 3. David, 4. Adrian, 5. Jack

50. shower, bath, study, toilet, window, mattress, towel, door, balcony, living room, storey, facade, floor, bidet
Oberbegriff: house and home

51.

1.	2.				
		3.		7.	
		4.		6.	8.
			5.		9.
				10.	
					11.

Verschnaufpause: X = sleep

52. 1. two cupboards; 2. five electrical appliances (fridge, oven, dishwasher, washing machine, vacuum cleaner); 3. a bath; 4. yes; 5. no, two

53. Der Name der Person und das Transportmittel beginnen jeweils mit demselben Buchstaben. Mögliche Lösung: <u>Brendan</u>: bus, boat; <u>Tina</u>: train, tram; <u>Sam</u>: ship, sportscar. Weitere mögliche Kombinationen: <u>Michael</u>: motorbike; <u>Rita</u>: rollerskates

Verschnaufpause: (10 x 2) + (5 x 3) + (3 x 4) = 47

54. heater (It's so cold!); umbrella (It's so rainy!); mattress (I'm so tired!); yawn (It's so boring!); glass (I'm so thirsty!); clock (It's so late!); sun (It's so hot!); scarf (It's so windy!); sandwich (I'm so hungry!), hair in the soup (It's so disgusting!)

55. low – fat – strong / rude – peaceful – far / wide – attentive – beautiful / long – intelligent – big

Verschnaufpause:

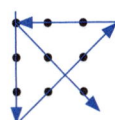

56. Mögliche Lösung: Tim is demanding. Linda and Will are stubborn. ...

Verschnaufpause: 1001

58. Mögliche Lösung: London; Cambridge; Liverpool / Blackpool / Poole; Newcastle; Bristol; York; Manchester / Colchester; Leeds

59. mother, sister, son, father, brother, nephew, aunt, cousin, daughter, husband

Verschnaufpause: ? = 1500 (Die Zahlenreihen folgen nacheinander dem Prinzip x 1, x 2, x 3, x 4, x 5.)

60. 1. recall, 2. labour, 3. tidy, 4. vestry; Lösung: relatives

61. ♂: widower, bachelor, husband; ♀: spinster, wife, divorcée, widow; ♂ +♀: single, spouse, partner

Verschnaufpause: Es sind 16 geometrische Figuren (ABHG, GHDE, ABDE, AFG, FGE, BCH, HCD, BCD, AFE, ABCF, FEDC, ABHF, ABCG, FHDE, GCDE, ABCDEF).

62. aeroplane: check in, landing, boarding pass, luggage check, take off; train: platform, station master, couchette; car: jack, headlight, brakes, clutch, windscreen wipers

63. It's hailing. It's snowing / It's snowy. It's raining / It's rainy. It's cloudy. It's sunny. It's foggy / There's fog. It's warm. It's cold.

Verschnaufpause:

⑥

②①

④③⑤

64. Good weather: Tuesday, Thursday, Friday; Bad weather: today, tomorrow, Wednesday, Saturday; Today is Sunday.

65. Don't go out: 5., Don't go in: 2., Don't stop: 1., Don't smoke: 4., Don't go through: 3.; Den verneinten Imperativ bildet man im Englischen mit *don't* + Infinitiv des Verbs.

66. 2. Don't cross the lines. 3. Don't lean against the doors. 4. Don't play ball. 5. Don't bring dogs. 6. Don't smoke.

67. X = job; Y = capital; Z = career; A = department; B = company

Verschnaufpause: 1 + 1 + 1 + 1 + 11 = 15

68. <u>waagrecht:</u> accept, job, trainee, unemployed, contract, profession; <u>senkrecht:</u> apprentice, employ, interview, staff, career, work; <u>diagonal:</u> office;
Money makes the world go around.

69. Lösung: **Sir Winston Churchill**

70. <u>organic waste:</u> used paper napkin (auch bei *residual waste* möglich), apple peel, eggshell, coffee grounds, teabag; <u>residual waste:</u> dirty plastic cutlery; <u>paper and cardboard:</u> newspaper, book, notepad; <u>glass:</u> bottle, glass; <u>plastic waste:</u> washing-up-liquid bottle

71. 2, 5, 4, 3, 7, 9, 1, 8, 6

72. <u>simple past:</u> went, met, had, asked, dropped; <u>present perfect:</u> I've bumped into, I've bought, she's (always) said, I've (never) seen

73. 1. Mark, 2. Fiona, 3. David, 4. Lucas, 5. Ellen, 6. Pauline, 7. Lucy, 8. Claire

Verschnaufpause:

75. cow, hen, dog, worm, crow, cock, sheep, giraffe, penguin, horse, gorilla, hedgehog, cheetah, tiger, frog, sparrow, rabbit, bee, pigeon, falcon

76. 1. a white cat (Snowy), a black dog (Fido), a red fish (Billy);
2. all three live in a house; 3. white, black, red; 4. Susie is Snowy's owner and she's seven years old; 5. the cat and the fish

77. bedroom, airport, mango, porthole/manhole, swordfish, sun cream, letterbox, nameplate, headphones, sunflower, postman/postbox

Verschnaufpause:

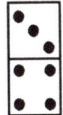

79. key + keyhole; monitor + computer; nut + screw; cigarette + match; lamp + bulb; telephone + receiver; glasses + nose; comb + hair; lid + saucepan; glove + hand; thread + needle

80. 1. slicer, 2. freezer, 3. scissors, 4. needle, 5. duster, 6. juicer, 7. hammer, 8. CD player, 9. cooker, 10. broom

81. Do you want to find the treasure? Take eight steps to the north starting from the skull-shaped rock. Take another thirty steps to the east and dig a hole. In the ground you will find a chest full of gold coins.

Verschnaufpause:

6	1	8
7	5	3
2	9	4

82. Merry Christmas!

83. <u>Panzer:</u> Will they fight with clubs? <u>Schuhe:</u> Will they wear animal skins? <u>Heizung:</u> Will they use fire for heating? <u>Supermarkt:</u> Will they hunt to eat? <u>Bett:</u> Will they sleep in caves?

84. 2. erstes und drittes Wort (will … stay), 3. viertes und fünftes Wort (will tell), 4. sechstes und siebtes Wort (will invite), 5. sechstes und siebtes Wort (will pass), 6. fünftes und siebtes Wort (will … come)

85. Mögliche Lösungen:
G: grapes / goat, giraffe / gardener / go
B: bread, butter / bird / builder / be
M: meat / monkey, mosquito / mother, minister / make
C: cheese / cow, cat / cook, chef / cut
S: sausage, salami / snake / sister, secretary / see

Verschnaufpause:

86. 1. away, 2. morning, 3. weepers, 4. together, 5. play, 6. rise
3-a; 6-b; 1-c; 5-d; 2-e; 4-f

87. 1. a beard; 2. the economy; 3. butter; 4. lips; 5. someone mad

88. boat – coat – cost – lost – most – mist

89. 1. white; 2. yellow; 3. blue; 4. green; 5. black; 6. blue; 7. white

90. 2. alley = Gasse → avenue = Allee; 3. boss = Chef → chef = Koch;
4. floor = Boden → corridor = Flur; 5. opinion = Meinung → meaning = Bedeutung; 6. critic = Kritiker → review = Kritik

91. nicest / insect; leader / dealer; finger / fringe; sauce / cause; charm / march; salesmen / nameless; silent / listen; wings / swing; canoes / oceans

Verschnaufpause: Nach 12 Tagen (wenn man am 12. Tag das Seil um 2 Meter kürzt, bleiben nur noch 2 Meter übrig).

92. mögliche Lösung: charge a battery, dress a child, promote a product, spend money, take your time, miss the train, save money, draw a picture
miss my parents, spend time, draw the curtains, take a photo, promote an employee, charge a high price, dress a salad, save a person in danger

94. 1. near; 2. sweat; 3. low; 4. blood; 5. said (Diese Wörter werden anders ausgesprochen.)

97. lamp, travel, summer, transparent, discover, grandmother, November, letter, perfume, number, yellow, television, evening, boarding pass, telephone call, apply for a job

98. Girl tries to sell grandmother on eBay
A ten-year-old girl tried to sell her grandmother on eBay because she couldn't stand her any more. The girl described her grandmother on the well-known auction site as someone who constantly complains but is very affectionate. The girl did not set a minimum bid but before eBay deleted the item 27 bids were received.

99. 300g piranha caught

A fully-grown piranha has been caught, much to the surprise of the angler, who took his catch home. It may have been thrown into the river by someone after emptying their aquarium at home.

100. kidnap, hold to ransom, report, arrest, demand a ransom, kidnapper, accuse, extortion;

kidnapped, held, considered, received, agreed, called

101. 1. f; 2. b; 3. d; 4. e; 5. a; 6. c

102. 1. A 70 year-old pensioner. 2. He found a wallet containing a winning lottery ticket and returned it to the owner.

105. 1. yes (one in the title); 2. 37 words; 3. six articles (the sky, the earth's..., a layer..., the earth..., the sun's..., the seven...); 4. two numbers (one + seven); 5. two "'s" with the same meaning: of or belonging to (the earth's atmosphere, the sun's rays)

Verschnaufpause: 60 (vom 1. bis 30. April 30 Blätter und vom 1. bis 30. Mai ebenfalls 30 Blätter; der 31. braucht nicht abgerissen zu werden)

106. His name is Cocorito. / He's called Cocorito; seven years old / seven years of age; ...that lives in the USA. / ...that lives in America; bird / parrot; as well as a child / like a child

107. 2. in the second sentence (James Doyle); 3. in the third sentence (13); 4. in the second sentence (Los Angeles); 5. in the first sentence (Guinness); 6. in the third sentence (the highest) 7. in the first sentence (new-born), in the third sentence (highest, living)

Verschnaufpause: $X =$

108. 1. road, 2. speed limit, 3. fined, 4. speeding, 5. detectives,
6. emergency call

109. 1, 4, 3, 2

110. 1. In Venice. 2. The carnival celebrations. 3. Between 25 and 500 €.
4. From 7th to 24th February.

Bei Wörtern mit Mehrfachbedeutungen ist die entsprechende Übungsnummer in runden Klammern angegeben. In eckigen Klammern werden unregelmäßige Formen (*simple past* und Partizip) der Verben angegeben.

Folgende Abkürzungen werden verwendet:

Pl. Plural   *VP* Verschnaufpause

a few	einige	always	immer
a lot	viel	ancestors	Vorfahren
able (to be able)	in der Lage sein, fähig sein	and	und
about	ungefähr (40); über (41, 93)	angler	Angler
		animal	Tier
accept	annehmen	animal skins	Pelze
accident victim	(Verkehrsunfall-) Opfer	anonymous	anonym
		another	ein, -e anderer, -e, -es (29); weiterer, -e, es (81, 107)
accuse (of)	anklagen (wegen)		
active	aktiv, sportlich		
activity	Aktivität	answer	beantworten
adjective	Adjektiv, Eigenschaftswort	anthropologist	Anthropologe/-in
		(not) any more	nicht länger, nicht mehr
advertising	Werbung		
aeroplane	Flugzeug	apple	Apfel
affected by	betroffen sein von	apple peel	Apfelschale
affectionate	liebevoll	apply (for a job)	sich für eine Stelle bewerben
after	nachdem (93, 99); danach (103)		
		apprentice	Auszubildende(r)
age	Alter	approve	genehmigen
aggressive	aggressiv	April	April
ago	vor (*zeitlich*)	apron	Schürze
agree	zustimmen	aquarium	Aquarium
air	Luft	architecture	Architektur
airport	Flughafen	area	Gegend
alert	wach	arm	Arm
all	alle	around	um ... Herum
all day	den ganzen Tag	arrest	festnehmen
all over the world	auf der ganzen Welt	arrive	ankommen
		artichoke	Artischocke
all the rest	alle anderen	article	Artikel
alley	Gasse	as	als
allowed	erlaubt	as usual	wie immer
almost	fast	as well as	so gut wie
alone	allein	ask	fragen, bitten
already	schon	at (+ *Uhrzeit*)	um
also	auch	at night	nachts
although	obwohl	at the moment	zur Zeit

atmosphere	Atmosphäre	berry	Beere
attack	angreifen	best	bester, -e, -es
attempt	versuchen	between	zwischen
attentive	aufmerksam	bicycle	Fahrrad
attic	Dachboden	bid	Gebot
auction	Auktion	bidet	Bidet
August	August	big	groß
aunt	Tante	bike	Fahrrad
Austrian	Österreicher; österreichisch	bikini	Bikini
		bird	Vogel
autumn	Herbst	birthday	Geburtstag
avenue	Allee	bitter	bitter
away	weg, fern	black	schwarz
baby	Baby	blood	Blut
bachelor	Junggeselle	blouse	Bluse
back	zurück, nach hinten	blue	blau
		boarding pass	Boardingpass
bad	schlecht	boat	Boot
bakery	Bäckerei	book	Buch; buchen (16)
balcony	Balkon	boot	Stiefel
bald	glatzköpfig	boring	langweilig
bank	Bank	born (was born)	geboren
bath	Bad (50); Badewanne (52)	boss	Chef
		both	beide
bathrobe	Bademantel	bottle	Flasche
bathroom	Badezimmer	bow legs	O-Beine
battery	Batterie	bowl	Fischglas
be	sein	box	Kasten
be ... years old	... Jahre alt sein	boyfriend	(fester) Freund
be from	kommen aus	bra	BH
beach	Strand	brain	Gehirn
bean	Bohne	brake	Bremse
bear	ertragen (71); Bär (94)	bread	Brot
		bread rolls	Brötchen
beard	Bart	break	zerbrechen
beat up [beat - beaten]	verprügeln	[broke - broken]	
		break in	einbrechen
beautiful	schön	breakfast	Frühstück
because	weil	bridegroom	Bräutigam
bed	Bett	bridge	Brücke
bedroom	Schlafzimmer	bright	fröhlich
bee	Biene	bring	(mit)bringen
beer	Bier	broom	Besen
before	bevor	brother	Bruder
behind	hinter	brown	braun
bell	Klingel	build [built - built]	(auf)bauen
belong to	(zu jdm/etw.) gehören	builder	Bauarbeiter
		building	Haus, Gebäude
belt	Gürtel	bulb	Glühbirne

bump into	zufällig treffen	celebrity	Berühmtheit
burnt	verbrannt	cellar	Keller
bus	Bus	century	Jahrhundert
bus stop	Bushaltestelle	certain	bestimmt
but	aber; nur (4);	chair	Stuhl
	außer (103)	chaos	Chaos
butter	Butter	character	Figur
buy [bought -	kaufen	charge	aufladen; Geld
bought]			verlangen
by	neben (29);	charm	Charme
	um (108);	chase	Verfolgungsjagd;
	mit (53),		verfolgen
	von (100, 101)	cheat	betrügen
café	Café	check in	Check-In
cake	Kuchen, Torte	cheese	Käse
call	Anruf (101); (an)	cheetah	Gepard
	rufen (103);	chef	Koch
	heißen (106)	chest	Truhe
call back	noch einmal	chestnut	Kastanie
	anrufen	chicken	Hähnchen; Huhn
can	können;	child	Kind
	dürfen (86)	children	Kinder
canoe	Kanu	chip	(zer)brechen
can't	nicht können	chocolate	Schokolade
cap	Mütze, Kappe	choice	Wahl
capable	fähig, geschickt	choose	wählen
capital	Vermögen, Kapital	Christmas	Weihnachten
car	Auto	Christmas Day	25. Dezember
car boot	Kofferraum	chubby	pausbäckig
car crash	Autounfall	cigarette	Zigarette
car park	Parkplatz	cinema	Kino
card	Karte	city	Stadt
cardboard	Karton, Pappe	city council	Stadtverwaltung
car-dealership	Autohandlung	clear	rein
care	Obhut	clear sky	heiter Himmel
career	Karriere	clock	Uhr
carefully	gewissenhaft	clog	Holzschuh
caress	streicheln	close	zumachen,
carnival	Karneval		schließen
carpet	Teppich	closed	abgeschlossen
carrot	Karotte	clothes	Kleidung
carry	tragen	clothing	Kleidung
cat	Katze	cloud	Wolke
catch	fangen; Fang	cloudy	wolkig, bedeckt
[caught - caught]		club	Keule
cause	Ursache	clutch	Kupplung
cave	Höhle	coach	Reisebus
CD player	CD-Spieler	coat	Mantel
celebration	Feier	cock	Hahn

coffee	Kaffee	cup	Tasse, Becher
coffee grounds	Kaffeesatz	cupboard	Schrank
cold	kalt	curly	lockig
collapse	zusammenbrechen	curtain	Vorhang
colleague	Kollege	custom	Gewohnheit
colossal	riesig	customary	üblich
colour	Farbe	cut	schneiden
comb	Kamm	cutlery	Besteck
come	kommen	danger	Gefahr
come from	herkommen	dark	dunkel
come home	nach Hause	date of birth	Geburtsdatum
	kommen	date of expiry	Ablaufdatum
company	Firma, Betrieb	date of issue	Ausstellungs-
competent	kompetent		datum
complain	sich beschweren	daughter	Tochter
complexion	Hautfarbe	daughter-in-law	Schwiegertochter
computer	Computer	day	Tag
concert	Konzert	deaf	taub
consider	befinden	deafening	ohrenbetäubend
constantly	ständig	dealer	Händler
construction worker	Bauarbeiter	deceive	täuschen
contain	beinhalten,	December	Dezember
	enthalten	decorations	Schmuck
contract	Vertrag	delete	löschen
control	kontrollieren	delicious	lecker
cook	kochen (51 VP, 80);	delight	Freude
	Koch (85)	demand	fordern
cooker	Herd	demanding	anspruchsvoll
cork	eine Flasche	department	Abteilung
	verkorken	describe	beschreiben
corridor	Flur	dessert spoon	Dessertlöffel
cost	Preis	detective	Kriminalbeamter
couchette	Liegewagenplatz	dictionary	Wörterbuch
countable	zählbar	die	sterben
couple (a couple	(ein) paar	dig	graben
of ...)		dinner	Abendessen
courgette	Zucchini	dirty	schmutzig
cousin	Cousin	discover	entdecken
cow	Kuh	discovery	Entdeckung
crate	Kiste	disgusting	eklig
cream	Sahne	dishwasher	Geschirrspüler
crime story	Krimi	distracted	abgelenkt
crisis	Krise	diver	Taucher
critic	Kritiker	divorcée	geschiedene Frau
crocus	Krokus	do	machen, tun
cross	überqueren	do press-ups	Liegestütze
crow	Rabe		machen
crushed	zerkleinert	do sports	Sport machen
cry	heulen	doctor	Arzt, Ärztin

Does it take ...?	Braucht man ...?
dog	Hund
door	Tür
double	doppelt, zweimal
double bed	Doppelbett
down	hinunter
downturn	Niedergang
drain	abtropfen lassen
draw	zeichnen; zuziehen
drawer	Schublade
dream	Traum
dress	Kleid (47); anziehen (92); anmachen (92)
dressing gown	Morgenmantel
drink [drank - drunk]	Getränk (20, 93); trinken (73, 80)
drive [drove - driven]	fahren; schlagen (80)
drive someone mad	jdn verrückt machen
driveway	Einfahrt
driver	Fahrer
drop	fallen lassen
dry	(ab)trocknen
during	während
dust	abstauben
dustbin	Mülltonne
duster	Wischtuch
Dutch	Holländer(in); holländisch
duvet	Daunenbett
each	jeder, -e, -es
ear	Ohr
early	früh
earth	Erde
east	Ost(en)
Easter	Ostern
eat [ate - eaten]	essen
economy	Wirtschaft
egg	Ei
eggshell	Eierschale
elbow	Ellbogen
elderly	ältere
electrical appliance	Haushaltsgerät
embarrassing	peinlich
emergency call	Notruf
emergency lane	Standspur

employ	beschäftigen; einstellen
employee	Angestellter
empty	(ent)leeren
enemy	Feind
energy	Energie
engaged	besetzt
engineer	Ingenieur
enjoy	genießen
enterprising	unternehmungslustig
essay	Aufsatz
essentially	grundlegend
Ethiopia	Äthiopien
even	sogar
evening	Abend
evening prayer	Nachtgebet
everyone	alle (Leute)
everywhere	überall
exam	Prüfung, Klausur
exceed	überschreiten
except(ing)	außer
exciting	aufregend
exit	Ausgang, Ausfahrt
expectation	Erwartung
extortion	Erpressung
extroverted	extrovertiert
eye	Auge
eyebrow	Augenbraue
facade	Fassade
face	Gesicht
factory worker	Fabrikarbeiter
failure	Nichterfüllung
falcon	Falke
false	falsch
false teeth	Gebiss
family-owned	in Familienbesitz
famous	berühmt
fan	Fan
far	weit entfernt
farm	Bauernhof
fast	schnell
fat	dick
father	Vater
father-in-law	Schwiegervater
fear	Angst
feather	Feder
February	Februar
feel	(sich) fühlen

ferry	Fähre
fetid	stinkend
fight	kämpfen
fill	füllen
fill in	ausfüllen
fillet	Filet
film	Film
financially	finanziell
find [found - found]	finden
fine	Bußgeld
	verhängen (108);
	Bußgeld (110)
finger	Finger
finished	abgeschlossen,
	beendet
fire	Feuer
first	erster, -e, -s;
	zuerst
first name	Vorname
fish	Fisch
flashing	blinkend
flat	Wohnung
flavourless	geschmacklos
flip-flops	Flipflops
flipper	Flosse
flock	scharen
floor	Fußboden;
	Stockwerk (104)
flower	Blume
fog (there's fog)	Nebel (es ist neblig)
foggy	neblig
folder	Mappe, Ordner
fondly	mit Sehnsucht
food	Lebensmittel;
	Essen
foot (*Pl.* feet)	Fuß
football	Fußball
football match	Fußballspiel
for	für (37, 67);
	als (83);
	um (103)
for *(+ Zeitangabe)*	... lang / für ...
forest	Wald
forget	vergessen
fork	Gabel
form	bilden
forward	nach vorn
free	frei (16);
	umsonst (29)

freeze	einfrieren
freezer	Gefrierschrank
French	Franzose,
	Französin;
	französisch
Friday	Freitag
fridge	Kühlschrank
friend	Freund
friendship	Freundschaft
fringe	Pony *(Haare)*
frog	Frosch
from	aus; vor (105)
fruit	Obst
full	voll(er)
full of	voll mit
fulfil	verwirklichen
full-time	Vollzeit
fully-grown	ausgewachsen
gardener	Gärtner
garlic	Knoblauch
gas	Gas
gene	Gen
general	allgemein
generous	großzügig
geography	Geografie
German	Deutscher, -e;
	deutsch
get [got - got]	bekommen
	(bekam)
get under	unter etw. gehen
get up	aufstehen
getting old	altern
giraffe	Giraffe
girl	Mädchen
give chase	eine Verfol-
	gungsjagd
	starten
glass	(Trink-)Glas
glasses *(Pl.)*	Brille
glove	Handschuh
go [went - gone]	gehen; fahren
go away	fortgehen
go dancing	zum Tanzen
	gehen
go for a walk	spazieren gehen
go skiing	Ski fahren
go swimming	schwimmen gehen
go through	durchgehen
go to bed	schlafen gehen

go to the mountains	in die Berge gehen, wandern gehen	hath	er, sie, es hat
		have (got) [had - had]	haben
goal	Tor	have a break	eine Pause machen
goat	Ziege		
goggles	Taucherbrille	have a coffee	einen Kaffee trinken
gold coin	Goldmünze		
golden jubilee	goldenes Jubiläum	have a look	schau es dir an
		have a shower	(sich) duschen
good	gut	have breakfast	frühstücken
good bye	auf Wiedersehen	have dinner	zu Abend essen
gorilla	Gorilla	have to (do)	(tun) müssen
grandfather	Großvater	hazard lights	Warnblinklicht
grandmother	Großmutter	head	Kopf
grandparents	Großeltern	headlight	Scheinwerfer
grandson	Enkel	headphones	Kopfhörer
grapes	Trauben	healthy	gesund
great-grandparents	Urgroßeltern	hear	hören
great-great-grandparents	Ururgroßeltern	hearing	Hören *(Sinn)* (44); Gehör (71)
green	grün	hearing aid	Hörgerät
greetings	Grüße	heart	Herz
grey	grau	heat	Hitze
greying	grau meliert	heater	Heizkörper
ground	Boden	heating	Heizung
guard	bewachen	hedgehog	Igel
gym	Fitness-Studio	height	Größe
hail	hageln; Hagel	helicopter	Hubschrauber
hair	Haar(e)	help	Hilfe (103); helfen (111)
hairy	behaart		
half	halb	hen	Henne
half asleep	halb schlafend	high	hoch
half-close	anlehnen	himself	selbst
hall	Eingangsbereich	hire	mieten
ham	Schinken	history	Geschichte
hamburger	Hamburger	hold	halten
hammer	Hammer	hold to ransom	gegen Lösegeld festhalten
hand	Hand		
hand over	übergeben	hole	Loch
handbag	Handtasche	holidays	Urlaub
happen	stattfinden, passieren	home (at)	Heim (50), Haus, zu Hause (17, 48, 99), nach Hause (99)
happy	zufrieden, glücklich		
hard	hart		
hardly ever	fast nie	honest	ehrlich
harvest	ernten	horizontal stripes	Querstreifen
hat	Hut	horse	Pferd
hate	hassen	hospital	Krankenhaus

hot	heiß	job	Beruf, Arbeit, Stelle
house	Haus; beherbergen (104)	job centre	Arbeitsamt
how many?	wie viele?	joy	Freude
how(?)	wie(?)	juicer	Zitruspresse
hungry	hungrig	July	Juli
hunt	jagen	June	Juni
husband	Ehemann	jungle	Dschungel
ice-cream	(Speise-)Eis	keep	(ab-/be-/er-)halten
idolise	vergöttern		
if	wenn; ob (83)	kennel	Hundehütte
ill	krank	key	Schlüssel
illegal	illegal	keyhole	Schlüsselloch
illness	Krankheit	kidnap	entführen
illogical	unlogisch	kilo	Kilo
immoral	unmoralisch	kindness	Freundlichkeit
impatient	ungeduldig	kitchen	Küche
impulsive	impulsiv	knee	Knie
in front (of ...)	(da)vor	knife	Messer
in the middle	(in der) Mitte	know	wissen, kennen
incapable	unfähig, ungeschickt	kph (kilometres per hour)	Stundenkilometer
inflated	übertrieben	labour	Arbeit
insect	Insekt	lamp	Lampe
instrumental	instrumental	landing	Landung
intelligent	intelligent	last	letzter, -e, -es
interests	Interessen	late	spät
interview	Vorstellungsgespräch (68); Interview (76)	lay [laid - laid]	liegen
		layer	Schicht
		lazy	faul
investment	Investition	leader	Anführer
invite	einladen	leaf through	durchblättern
inviting	einladend	lean (against)	(an)lehnen
irregular	unregelmäßig	leap year	Schaltjahr
Italian	Italiener; italienisch	learn	lernen
		least	am wenigsten
item	Eintrag	leather	Leder
item of clothing	Kleidungsstück	leave [left - left]	verlassen (40); lassen (58); (weg)gehen (100)
It's ... (o'clock).	Es ist ... Uhr.		
It's midday / twelve o'clock.	Es ist Mittag / zwölf Uhr.		
It's midnight / twelve o'clock.	Es ist Mitternacht / zwölf Uhr.	leg	Bein
		legal	legal
It's one o'clock.	Es ist ein Uhr	legend	Legende
jack	Wagenheber	leisure	Freizeit
jacket	Jacke	lemonade	Limonade
January	Januar	less (than)	weniger (als)
jealous	eifersüchtig	lessons	Unterricht
jester	Hofnarr	let (through)	(durch)lassen
		lethargic	lethargisch

letter	Buchstabe; Brief (77)
letterbox	Briefkasten
liberal	liberal
library	Bibliotek
lid	Deckel
lie	liegen
life	Leben
lift	Aufzug
light	hell (44); Licht (58, 108)
like	mögen; wie (106)
limit	(Höchst-)Grenze
limited company	GmbH
lines	Gleise
link	verbinden
lips	Lippen
list	Liste
listen (to)	(zu-/an-)hören
little (a)	ein bisschen, etwas
live	wohnen, leben
living	lebend
living room	Wohnzimmer
logical	logisch
London Under- ground	Londoner U-Bahn
long	lang
long (longer)	lang (länger)
look	schauen
look for	suchen
lorry	Lastwagen
lose [lost - lost]	verlieren
lots	viele
lottery	Lotto
lottery ticket	Lottoschein
lovely	schön
lover	Liebhaber
loving	liebevoll
low	niedrig; tief
luggage check	Gepäckkontrolle
lumpy (nose)	Kartoffelnase
mad	verrückt
maid	Magd
main	Haupt-
make [made - made]	machen
make a (phone) call	anrufen, telefo- nieren

make up	zusammensetzen
man (Pl. men)	Mann
mango	Mango
manhole	Einstieg
mankind	Menschheit
many	viele
map	Karte, Plan
March	März
march	Marsch
market	Markt
match	Spiel (12); Zündholz (79)
material	Stoff
mattress	Matratze
May	Mai
may	(eventuell) können
mean	bedeuten
meaning	Bedeutung
meat	Fleisch
meet [met - met]	kennenlernen (41, 58), treffen (72)
memory	Gedächtnis
mental	mental, geistig
Merry Christmas!	Frohe Weih- nachten!
metre	Meter
miaow	miauen
milk	Milch
(mineral) water	(Mineral-)Wasser
minimum	Mindest-
minister	Minister
minute	Minute
misbehave	sich schlecht benehmen
miss	vermissen; verpassen
missing	fehlen
mist	Nebel
mobile phone	Handy
modest	bescheiden
moment	Augenblick
Monday	Montag
money	Geld
money makes the world go around	Geld regiert die Welt
monitor	Monitor
monk	Mönch

monkey	Affe	no access	kein Durchlass
month	Monat	no entry	Zutritt verboten
moral	moralisch	no exit	kein Ausgang
morning	Vormittag, Morgen	no smoking	Rauchen verboten
mosquito	Mücke	no waiting	Halteverbot
most	am meisten	noise	Lärm
mother	Mutter	none too modest	nicht zu bescheiden
motorbike	Motorrad		
mountain(s)	Berg(e)	north	Nord(en)
mouse (*Pl.* mice)	Maus	nose	Nase
moustache	Schnurrbart	not	nicht
mouth	Mund	not at all	überhaupt nicht
move	bewegen	notepad	Heft, Notizblock
much to the surprise of ...	sehr zur Über- raschung von ...	nothing	nichts
		notice	merken
mules	Pantoffel	novel	Roman
music	Musik	November	November
my name's	ich heiße	now	jetzt, nun
nail	Nagel	nowadays	heutzutage
name	Name	number	Zahl, Nummer
nameless	namenlos	nut	Mutter *(Schraube)*
nameplate	Namenschild	oat	Hafer
napkin	Serviette	observe	beobachten, betrachten
narrow	eng, schmal		
nationality	Staatsange- hörigkeit	occasionally	ab und zu
		ocean	Ozean
near	nah	October	Oktober
neat	ordentlich	odyssey	Odyssee (Irrfahrt)
neck	Hals	of	von
necklace	Halskette	office	Büro
need	brauchen, benötigen	oil	Öl
		old	alt
needle	Nadel	on	am (12, 43); an (58); über (90)
negotiate	verhandeln		
nephew	Neffe		
never	nie(mals)	on foot	zu Fuß
new born	eben erst auf die Welt gekommen	on their way	auf dem Weg
		on TV	im Fernsehen
New Year's Day	Neujahr	one-way	Einbahn-
news	Neuigkeiten	onion	Zwiebel
newspaper	Tageszeitung	only	nur; einzig (41 VP)
next (the)	nächster, -e, -es	open	öffnen
next to	neben	opinion	Meinung
nice	schön	opportunity	Möglichkeit
niece	Nichte	opposite (of)	gegenüber (32); Gegenteil (von) (88)
night	Nacht		
no	nein (12, 29); kein (65, 101)	or	oder

order	Reihenfolge
organic waste	Biomüll
originally	ursprünglich
other	anderer, -e, -es
out	außer Haus
outside	draußen
oval	oval
oven	Ofen
over	über
overtaking manoeuvre	Überholvorgang
owner	Besitzer
oxygen tank	Sauerstoffflasche
pack	(ein)packen
paint	malen
pale	blass
pants	Unterhose
paper	Papier (20, 70); Pappe (20)
parcel	Paket
parents	Eltern
park	parken
parrot	Papagei
part	Teil
partner	Lebensgefährte, -in
part-time	Teilzeit
party	Fest, Feier
pass	bestehen
pass on	weitergeben
passionate	leidenschaftlich
passive	passiv, unsportlich
past	Vergangenheit
pasta	Nudeln
patient	geduldig
paw	Pfote
pay [paid - paid]	bezahlen
peaceful	friedlich
pear	Birne
peck (a)	eine ganze Menge
pedestrian	Fußgänger
pen	Kugelschreiber
pencil	Bleistift
penguin	Pinguin
pensioner	Rentner
people	Leute, Menschen
pepper	Pfeffer (13); Paprika (49)

perfect	perfekt
perfume	Duft, Parfüm
person	Person
personnel	Personal
petrol	Benzin
petrol station	Tankstelle
photo(graph)	Foto
phyisical(ly)	physisch, körperlich
pick	nehmen
pickled	eingelegt
picture	Bild, Abbildung
pigeon	Taube
piranha	Piranha
pistol	Pistole
place of birth	Geburtsort
plan	planen
plant	pflanzen (26); Pflanze (93)
plastic	Plastik
plate	Teller
platform	Gleis
play	spielen
play ball	Ball spielen
play cards	Karten spielen
play computer games	auf dem Computer spielen
play football	Fußball spielen
play tennis	Tennis spielen
please	bitte
poet	Dichter(in)
poetry	Dichtung
police	Polizei
police car	Polizeiwagen
polite	höflich, nett
poor	arm
pork	Schweinefleisch
port	Hafen
porthole	Bullauge
possibility	Möglichkeit
possible	möglich
post office	Post(amt)
postbox	Briefkasten
postman	Briefträger
prefer	bevorzugen, vorziehen
present	Geschenk (28, 82); Gegenwart (41)
present perfect	Perfekt

press	Presse
pretty	hübsch
price	Preis
primary school	Grundschule
print	Druck
private	privat
probably	wahrscheinlich
problem	Problem
product	Produkt
profession	Beruf
programme	Sendung
promote	fördern; bewerben
pronounce	aussprechen
protect	schützen
purple	lila
put	legen
pyjamas	Schlafanzug
quarter (a)	Viertel
queen	Königin
question mark	Fragezeichen
quick	schnell
quite	ziemlich
rabbit	Kaninchen
radio	Radio
rain	Regen; regnen
raincoat	Regenmantel
rainy	regnerisch
raise capital	Kapital aufbringen
ransom	Lösegeld
rarely	selten
ray	Strahl
reach	erreichen
read [read - read]	lesen
reading	Lesen
reading glasses	Lesebrille
really	wirklich
recall	Rückruf
receipt	Quittung
receive	eingehen (98); erhalten (100)
receiver	Hörer
record	Rekord
red	rot
refer to	sich auf etw. beziehen
regular(ly)	regelmäßig
regulation	Regelung
relatives	Verwandte

relax	sich entspannen
remember	sich erinnern
remote	abgeschieden
report	anzeigen
residual waste	Restmüll
respect	respektieren
responsible	verantwortlich
restaurant	Restaurant
result in	etw. zur Folge haben
return	zurückgeben
review	Kritik
rhyme	Reim
ride a bike	Rad fahren
right	richtig
rise	aufstehen
river	Fluss
road	Straße
road accident	(Verkehrs-)Unfall
rock	Fels
roller skates	Rollschuhe
Roman (nose)	Adlernase
roof	Dach
room	Zimmer
rosebud	Rosenknospe
rotten	faul, verdorben
rough	rau
round	rund
rubber	Radiergummi
rude	unhöflich
ruined	ruiniert
ruler	Lineal
rumour	Gerücht
safe	sicher
safety belt	Sicherheitsgurt
salad	Salat
salami	Salami
sale (for sale)	Verkauf (zu verkaufen)
sales	Verkauf
salesman	Verkäufer
salmon	Lachs
salt	Salz
same (the)	der-, die-, dasselbe
sandwich	belegtes Brötchen
Saturday	Samstag
sauce	Soße

saucepan	Topf	site	Internetseite
sausage	Wurst	skateboard	Skateboard
save	sparen; retten	ski	Ski
say [said - said]	sagen	ski-boot	Skischuh
scarf	Schal	skirt	Rock
school	Schule	skull-shaped	in Form eines
school year	Schuljahr		Totenkopfs
scissors	Schere	skunk	Stinktier
scooter	Roller	sky	Himmel
screw	Schraube	skyscraper	Wolkenkratzer
scuff	abnutzen	slam	zuschlagen
sea shell	Muschel	sledge	Schlitten
sea shore	Küste	sleep [slept - slept]	schlafen
seaside	Strand	slicer	Schneide-
secret	Geheimnis		maschine
secretary	Sekretärin	slightly	leicht
see [saw - seen]	sehen	slim	schlank
seed	Samen	slipper	Hausschuh
sell [sold - sold]	verkaufen	small	klein
sentence	Satz	smell	Duft (11); Geruchs-
September	September		sinn (44);
seriously	ernst		Geruch (89)
serve	servieren	smoke	rauchen
set	festsetzen	smooth	glatt
set up	starten	snake	Schlange
several	mehrere	sniff	schnüffeln
sew	nähen	snow	Schnee; schneien
sex	Geschlecht	snowy	verschneit
sharpener	Spitzer	snub (nose)	Stups(nase)
sheep (*Pl.* sheep)	Schaf	so	so (sehr) (54, 89);
shepherd	Schäfer		also (93)
ship	Schiff	so much	so sehr
shipment	Lieferung	sociable	gesellig
shoe	Schuh	socks	Socke
short	klein; kurz (55)	sofa	Sofa
short cut	Abkürzung	soft	weich
should	(er, sie) sollte	some	manche
shoulder	Schulter	someone	jemand
shower	Dusche;	something	etwas
	Schauer (64)	son	Sohn
sidecar	Beiwagen	son-in-law	Schwiegersohn
sight	Sehen (*Sinn*)	song	Lied
silent	still	soon	bald
similar	ähnlich	sorry	es tut mir leid
simple past	einfache	soup	Suppe
	Vergangenheit	Spanish	Spanier; spanisch
sing [sang - sung]	singen	sparrow	Spatz
single	Single	speak	sprechen
sister	Schwester	[spoke - spoken]	

specially	vor allem, besonders
specific	bestimmter, -e, -es
speed limit	Geschwindigkeitsgrenze
speeding	Geschwindigkeitsüberschreitung
spend	verbringen (*Zeit*) (71, 76, 92); ausgeben (*Geld*) (92)
spinster	unverheiratet (*Frau*)
spoon	Löffel
sportscar	Sportwagen
sportsman	Sportler
spotted	gepunktet
spouse	Ehepartner
spread	verbreiten, verteilen
spring	Frühling
square metre	Quadratmeter
staff	Belegschaft
stair(s)	Treppe
stand	stehen (22); ertragen (98)
stand on	steigen auf
start from	beginnen bei
station master	Bahnhofsvorsteher
stay	bleiben
stay at home	zu Hause bleiben
steak	Steak
steal	stehlen
step	Schritt
stick	Stock
still	immer noch
stimulating	anregend
stockmarket	Börse
stocky	untersetzt
stomach	Bauch
stop	(an)halten
storage room	Abstellkammer
storey	Stock(werk)
storm	Gewitter
story	Geschichte
strangely enough	komischerweise
strawberry	Erdbeere
street	Straße

stretch	sich recken und strecken
stroke	streicheln
strong	stark
stubborn	dickköpfig
study	studieren (7), lernen (40); Büro (50, 51)
stupid	dumm
such as	wie zum Beispiel
suck a sweet	ein Bonbon lutschen
suddenly	plötzlich
sufficient	genug, ausreichend
suitcase	Koffer
sum	Summe
summer	Sommer
sun	Sonne
sunbathe	sich sonnen
sun cream	Sonnencreme
Sunday	Sonntag
sunflower	Sonnenblume
sunlight	Sonnenlicht
sunny	sonnig
superlative	Superlativ (*höchste Steigerungsstufe*)
supermarket	Supermarkt
surgery	Arztpraxis, Chirurgie
surname	Nachname
surprise	Überraschung
swallow	Schwalbe
sweat	schwitzen; Schweiß
sweater	Pullover
sweaty	verschwitzt
sweep	fegen
sweet	süß (44); Bonbon (74)
swing	Schaukel
Swiss	Schweizer(in); schweizerisch
switch	vertauschen
sword	Schwert

swordfish	Schwertfisch
synonym	Synonym (*sinnverwandtes Wort*)
table	Tisch
tactless	taktlos
take [took - taken]	nehmen; gehen (22, 81); mitnehmen (99)
take a photo	ein Foto machen
take into account	in Betracht ziehen
take into custody	in Verwahrung nehmen
take off	Start (*Flugzeug*)
take your time	laß dir/lassen Sie sich Zeit
talisman	Talisman
talk	reden, sprechen
talkative	redselig
tall	groß
taste	schmecken; Geschmack-(ssinn)
tasteless	geschmacklos
tea	Tee
teabag	Teebeutel
teacher	Lehrer(in)
tear	Träne
(tele)phone	Telefon
(tele)phone call	Anruf
(tele)phone number	Telefonnummer
television	Fernseher
tell	sagen
terrace	Terrasse
text	Text
than	als
Thank God!	Gott sei Dank!
thanks to	dank
that	der, die, das; jener, -e, -es
theatre	Theater
then	dann
there are	es gibt, dort sind
there's (is)	es gibt, es ist; es findet statt
thick	dicht, dick
thief	Dieb, Räuber

thin	schlank (33), schmal (36); dünn (55)
thing	Sache
think [thought - thought]	denken, glauben
thirsty	durstig
this	dieser, -e, -es
thread	Faden
through	durch
throughout	in ganz
throw	werfen
thunder (there's thunder)	Donner (es donnert)
Thursday	Donnerstag
tidy	ordentlich
tie	Kravatte
tiger	Tiger
tight	eng anliegend
time	Zeit (29, 41, 76, 92); Mal (41, 41 VP, 72)
tired	müde
title	Titel
to be in good hands	in guten Händen sein
to pay through the nose for something	tief in die Tasche greifen müssen
to pull the wool over someone's eyes	jdn hinters Licht führen
to put your foot in it	ins Fettnäpfchen treten
to take something to heart	etw. zu Herzen nehmen
to the left/right	(nach) links/rechts
today	heute
toga	Toga
together	zusammen
toilet	Klo
toilet paper	Klopapier
tomato	Tomate
tomboy	burschikoses Mädchen
tomorrow	morgen
too	zu (89, 104); auch (93)
total (in total)	(ins)gesamt

touch	Fühlen, Tasten (*Sinn*); berühren	venture capital	Risikokapital
towards	in Richtung	verb	Verb
towel	Handtuch	very	sehr
town	Stadt	very much	sehr viel
tracksuit	Trainingsanzug	vest	Unterhemd
tracksuit bottoms	Sporthose	vestry	Sakristei
traffic	Verkehr	victim	Opfer
train	Zug	vinegar	Essig
trainee	Lehrling; Praktikant	visit	besuchen
trainer	Trainer; Turn-schuh	visitor	Besucher
		vote	wählen
trainers	Sportschuhe	vowel	Vokal
tram	Tram	wait	warten
transparent	durchsichtig	walk around	(herum)gehen
travel	(ver)reisen; fahren (53); sich bewegen (53)	wall	Wand
		wallet	Brieftasche
		want	wollen
		wardrobe	Kleiderschrank
treasure	Schatz	warm	warm
tree	Baum	warning	Warnung
trousers	Hose	wash	spülen
true	richtig	washbasin	Waschbecken
try	versuchen, probieren	washing machine	Waschmaschine
		washing-up liquid	Waschmittel
Tuesday	Dienstag	waste	Müll
tumour	Tumor	watch	(an)schauen
ugly	häßlich	watch television	fernsehen
umbrella	Regenschirm	weak	schwach
uncle	Onkel	wealthy	wohlhabend
uncork	eine Flasche entkorken	wear	tragen, anziehen
		weather	Wetter
uncountable	unzählbar	Wednesday	Mittwoch
undone	unvollendet	week	Woche
unemployed	arbeitslos	weep	heulen
unhappy	unzufrieden, unglücklich	well	gut
		well-known	berühmt, bekannt
university	Universität	wet	nass
untidy	unordentlich	wet suit	Taucheranzug
until	bis	what do you call ...?	wie nennt man ...?
unusual	ungewöhnlich	what do you do?	was sind Sie von Beruf?
use	benutzen, verwenden	what kind of ...?	welche Art von ...?
used	gebraucht	what time?	um wie viel Uhr?
vacuum cleaner	Staubsauger	what(?)	was?, was für?; was (84, 89)
vain	eitel		
veal	Kalb	what's the sum of ...?	was ergibt ...?
velcro	Klettverschluss	wheel	Rad

when(?)	wann? (25); als (41, 71, 72); (immer) wenn (29, 41, 76, 86)	wing	Flügel
		winner	Gewinner
		winter	Winter
		winter sport	Wintersport
where(?)	wo?, wohin? (25), woher? (89); von wo (93); wo (93)	wise	weise
		with	mit
		without	ohne
		wife	Ehefrau
whether	ob	wolf	Wolf
which ones?	welche?	woman (*Pl.* women)	Frau
which(?)	was für?, welcher, -e, -es(?); der, die, das	wonder	sich fragen
		wood	Holz
		word	Wort
whistle	pfeifen	work	arbeiten (7, 29, 67); funktionieren (111); Arbeit (68, 109)
white	weiß		
who knows if ...?	wer weiß ob ...?		
who(?)	wer?; der, die		
whole	ganz	worker	Arbeiter
whose	dessen	world	Welt
why?	warum?	World Cup	Weltmeisterschaft
wide	weit (55); breit (104)		
		worm	Wurm
widow(er)	Witwe(r)	worth	wert
wife	Ehefrau	wreath	Kranz
will still ...	immer noch ... werden	write [wrote - written]	schreiben
win [won - won]	Sieg (38); gewinnen (41 VP, 109)	yawn	Gähnen (54); gähnen (74)
win the lottery	im Lotto gewinnen	year	Jahr
wind	Wind	yellow	gelb
window	Fenster	yes	ja
windscreen wipers	Scheibenwischer	yesterday	gestern
windy	windig	yoghurt	Joghurt
wine	Wein	you	du; man (26, 29)
		young	jung